안드로이드 스튜디오 3 통달

안드로이드 스튜디오 3 통달

안드로이드 개발 장인의 최상의 도구를
최대한 활용해보자

카일 뮤 지음

송무찬 옮김

Packt>

카일 뮤^{Kyle Mew}

80년대 초부터 프로그래밍을 시작했고, 여러 기술 웹사이트에 글을 썼다. 또한 3편의
라디오 강의를 녹음했고, 안드로이드 개발에 대한 4권의 책을 썼다.

제시카 쏜비 Jessica Thornsby

오픈 소스와 기술 작가의 세상을 발견하기 전에는 볼튼 대학Bolton University에서 시, 산문, 시나리오를 공부했지만, 진로 변경을 후회한 적이 없다. 현재 프리랜서 기술 작가이자 안드로이드의 열광적인 팬이다. 『개발자도 알아야 할 안드로이드 UI 디자인』(에이콘, 2017)을 저술했고, 『iWork: The Missing Manual』(O'Reilly, 2014)의 공동 저자다.

| 옮긴이 소개 |

송무찬(mcsong@gmail.com)

네오위즈, 엔씨소프트 등에서 8년간 서비스를 개발했고, 현재 미국 실리콘밸리에 있는 회사에서 서버와 안드로이드 앱을 동시에 개발 중이다. 서버리스^Serverless 아키텍처 도입으로 서버에 대한 부담이 많이 줄어든 덕분에 앱 개발에 더 집중하고 있다. 안드로이드 기반의 IoT 프로젝트 등에 관심이 있고, 서버와 효율적인 통신 방법에도 관심이 있다.

『카산드라 완벽 가이드』(한빛미디어, 2011)를 공동 번역했다. 스레드 작업을 효율적으로 배치해 성능을 개선할 수 있는『안드로이드 애플리케이션의 성능 개선을 위한 스레드 관리』(한빛미디어, 2015)라는 책을 썼고, 『안드로이드 디자인 패턴과 활용 사례』(에이콘, 2017)를 번역했다.

| 옮긴이의 말 |

안드로이드 앱 개발은 2011년도부터 시작했다. 첫 안드로이드 프로젝트는 안드로이드 2.2(프로요) 기반에서 클라우드 관련 앱을 개발했다. 당시, 앱을 개발하려면 안드로이드 SDK, 이클립스, 이클립스 안드로이드 개발 플러그인을 설치해야 했다. 2014년 연말에 안드로이드 스튜디오 1.0이 출시됐고, 출시 이후에 계속 개선되고 있다. 현재 안정화 버전은 3.1.x 버전이고, 안드로이드 스튜디오만 설치하면 앱을 개발할 수 있다. 구글에서 안드로이드 스튜디오를 개선하면서 개발 생산성을 높여주는 편리한 도구가 추가됐고, 안드로이드 전체 버전을 지원하는 에뮬레이터를 제공한다. 더불어 스마트 시계와 스마트 TV용 앱 개발도 지원한다. 따라서 안드로이드 스튜디오는 안드로이드 기반의 앱 개발에 필수 도구가 됐다.

이클립스를 사용하는 프로젝트를 아직도 깃허브^{Github}에서 볼 수 있지만, 이제는 안드로이드 스튜디오를 사용해야 한다. 안드로이드 앱 개발자는 안드로이드 스튜디오가 제공하는 기능과 도구로 앱을 빠르게 개발하고, 쉽게 디버깅, 테스트 및 최적화를 할 수 있다. 그리고 코틀린을 완벽하게 지원해서 같은 기능을 자바보다 간결하게 구현할 수 있다는 것도 큰 장점이다. 개인적으로 앱 성능에 관심이 많아 앱 성능 저하의 병목 지점을 찾기 위해 프로파일러를 종종 사용하고, APK 분석기로 앱에서 사용하는 의존 라이브러리 정보를 확인해서 불필요한 라이브러리도 제거할 수 있다.

안드로이드 앱 개발은 앱 스토어에 배포했다고 끝난 게 아니라 계속 발전시켜야 한다. 그러므로 코드를 잘 개발하는 것도 중요하지만, 안드로이드 스튜디오가 제공하는 도구를 사용해서 코드를 빠르게 디버깅하고 최적화하는 방법을 숙지하는 것이 생산성을 크게 높여준다. 이 책이 안드로이드 개발자이거나 개발자가 되려고 하는 독자의 앱 개발에 도움이 되길 바란다.

| 차례 |

지은이 소개 5

기술 감수자 소개 6

옮긴이 소개 7

옮긴이의 말 8

들어가며 14

1장 워크스페이스 구조   21

안드로이드 스튜디오 특징 24

워크스페이스 구조 26

    편집기 창 27

    도구 창 31

안드로이드 SDK 35

    가상 기기 36

    인스턴트 런 38

안드로이드 스튜디오로 프로젝트 가져오기 39

요약 41

2장 UI 설계   43

레이아웃 편집기 44

    선형 및 상대 레이아웃 클래스 47

컨스트레인트 레이아웃 51

    ConstraintLayout 만들기 53

    컨스트레인트 적용 55

    그래픽 속성 도구 58

기준선 정렬 60

바이어스로 위치 제어 61

컨스트레인트 툴바 63

다중 화면 미리 보기 65

하드웨어 프로파일 66

가상 저장소 67

요약 71

3장   UI 개발   **73**

머티리얼 디자인 74

안드로이드 스타일 75

머티리얼 테마 77

테마 편집기 78

XML 폰트 82

디자인 라이브러리 84

코디네이터 레이아웃 86

스낵바와 FAB 88

콜랩스 앱바 92

원본 텍스트 리소스 95

퍼센트 라이브러리 97

요약 99

4장   기기 개발   **101**

화면 방향 102

가상 기기 106

레이아웃과 이미지 선택 106

화면 크기와 플랫폼 110

대안 에뮬레이터 110

안드로이드 웨어 111

웨어러블 AVD 연결 111

웨어러블 레이아웃 114

WatchViewStub 클래스 115

모양 인식 레이아웃 117

센서 접근 120

센서 에뮬레이션 123

기기 모니터링 124

프로젝트 템플릿 124

모니터링과 프로파일링 125

요약 128

5장 애셋과 리소스   **129**

애셋 스튜디오 130

이미지 애셋 스튜디오 131

계층 아이콘 133

런처 아이콘 도구 137

벡터 애셋 스튜디오 142

벡터 드로어블 144

애니메이션 아이콘 147

기타 애니메이션 151

일반 드로어블 154

팔레트 라이브러리 154

요약 159

6장 템플릿과 플러그인   **161**

프로젝트 템플릿 162

내비게이션 드로어 템플릿 163

구조 탐색기 165

클래스 검사 플러그인 166

마스터/디테일 플로우 템플릿 ··· 171

사용자 정의 템플릿 ··· 173

서드파티 템플릿 ·· 176

프로젝트 샘플 ··· 177

서드파티 플러그인 ··· 179

ADB 와이파이 ·· 179

코도타 ·· 180

요약 ··· 182

7장   언어 지원   **183**

코틀린 지원 ··· 184

코틀린의 장점 ·· 186

코틀린 확장 ·· 191

C/C++ 지원 ·· 194

NDK ·· 194

안드로이드 띵스 ··· 197

개발 키트 ··· 197

띵스 프로젝트 만들기 ·· 199

요약 ··· 201

8장   테스트와 프로파일링   **203**

로그캣 필터 ··· 204

JUnit 테스트 ··· 206

로컬 단위 테스트 ·· 207

UI 테스트 ·· 213

뷰 테스트 ··· 213

목록과 데이터 테스트 ·· 218

테스트 기록 ·· 220

원격 테스트 ·· 223

부하 테스트 ⋯⋯⋯⋯⋯⋯⋯⋯⋯⋯⋯⋯⋯⋯⋯ 225

성능 모니터링 ⋯⋯⋯⋯⋯⋯⋯⋯⋯⋯⋯⋯⋯ 227

CPU 프로파일링 ⋯⋯⋯⋯⋯⋯⋯⋯⋯⋯⋯ 228

메모리 프로파일러 ⋯⋯⋯⋯⋯⋯⋯⋯⋯⋯ 230

네트워크 프로파일러 ⋯⋯⋯⋯⋯⋯⋯⋯⋯ 233

요약 ⋯⋯⋯⋯⋯⋯⋯⋯⋯⋯⋯⋯⋯⋯⋯⋯⋯ 234

9장 패키징과 배포 **235**

그래들 빌드 구성 ⋯⋯⋯⋯⋯⋯⋯⋯⋯⋯⋯ 236

커맨드라인 옵션 ⋯⋯⋯⋯⋯⋯⋯⋯⋯⋯⋯ 239

제품 변형 ⋯⋯⋯⋯⋯⋯⋯⋯⋯⋯⋯⋯⋯⋯ 240

APK 분석 ⋯⋯⋯⋯⋯⋯⋯⋯⋯⋯⋯⋯⋯⋯⋯ 244

앱 게시 ⋯⋯⋯⋯⋯⋯⋯⋯⋯⋯⋯⋯⋯⋯⋯⋯ 247

서명한 APK 만들기 ⋯⋯⋯⋯⋯⋯⋯⋯⋯ 248

키스토어 관리 ⋯⋯⋯⋯⋯⋯⋯⋯⋯⋯ 248

구글 플레이 앱 서명 ⋯⋯⋯⋯⋯⋯⋯ 250

자동 서명 ⋯⋯⋯⋯⋯⋯⋯⋯⋯⋯⋯⋯⋯ 252

요약 ⋯⋯⋯⋯⋯⋯⋯⋯⋯⋯⋯⋯⋯⋯⋯⋯⋯ 255

찾아보기 ⋯⋯⋯⋯⋯⋯⋯⋯⋯⋯⋯⋯⋯⋯⋯ 256

| 들어가며 |

가장 정교한 최신 안드로이드 개발 환경에 대한 종합적인 안내서인 이 책에서 여러분을 만나 반갑다. IDE에 익숙하지 않거나 이클립스^{Eclipse} 같이 다른 개발 환경에서 이전하는 경우 이 책은 실제 예제를 사용해서 개발의 각 단계마다 안드로이드 스튜디오로 쉽게 처리하는 것을 보여준다.

워크스페이스 소개로 시작해서 강력한 시각적 레이아웃 편집기, 자동 컨스트레인트 레이아웃 도구, 애니메이션 머티리얼 아이콘과 함께 IDE가 제공하는 다양한 UI 설계 도구를 살펴본다.

IDE 설계 도구에 익숙해지면 다음으로 안드로이드 스튜디오를 사용해 코드를 개발한다. 그리고 코드 완성, 템플릿 사용자 정의, 안드로이드 스튜디오 3의 가장 중요한 테스트 및 프로파일링 도구 같은 혁신적인 프로그래밍 도구를 살펴본다.

안드로이드 스튜디오는 기초적인 코딩에 좋은 도구가 아니다. 안드로이드 스튜디오는 플러그인의 형태로 추가 및 확장을 지원하고, C++, 코틀린과 같은 언어도 지원한다. 네이티브 SDK의 확장 가능성은 이 책을 모든 모바일 개발자가 필요로 하는 기술로 만든다. 그리고 현재 가장 흥미로운 개발 도구인 안드로이드 스튜디오에 숙달할 수 있도록 안드로이드 스튜디오가 제공하는 가장 유용하고 많이 사용하는 기술을 자세히 설명한다.

▌ 이 책의 구성

1장, 워크스페이스 구조에서는 전체적인 워크스페이스 구조를 소개한다. 주요 기능을 살펴보면 IDE를 처음 접하는 개발자에게 크게 도움이 될 것이다.

2장, UI 설계에서는 UI 설계 및 개발에 대해 소개하며, 레이아웃 편집기의 자동화와 시간 절약 기능을 살펴본다.

3장, UI 개발에서는 UI 개발 도구로 좀 더 정교한 레이아웃 개발과 지원 저장소로 제공하는 코드 라이브러리를 사용해서 쉽게 구현하는 방법을 살펴본다.

4장, 기기 개발에서는 이전 작업을 확장하고 웨어러블 기기의 화면 회전 및 모양 인식 레이아웃 같은 주제를 다루는 물리적 장치 및 폼 팩터^{form factor} 개발을 살펴본다.

5장, 애셋과 리소스에서는 리소스 관리, 특히 안드로이드의 머티리얼 아이콘과 벡터 애셋의 사용에 대해 살펴본다. 또한 안드로이드 스튜디오가 개발 측면에서 크게 시간을 절약하는 기능을 제공하는 방법을 보여준다.

6장, 템플릿과 플러그인에서는 기본적인 사용을 넘어 안드로이드 스튜디오를 확장하는 방법을 알려준다. IDE에서 제공하는 플러그인뿐 아니라 외부 플러그인으로 제공하는 내장 코드와 무료로 사용할 수 있는 예제 코드를 살펴본다.

7장, 언어 지원에서는 6장의 주제를 이어간다. C++와 코틀린 코드를 매끄럽게 포함하는 방법을 살펴본다.

8장, 테스트 및 프로파일링에서는 IDE가 제공하는 강력한 테스트 및 프로파일링 도구와 이 도구를 사용해서 작업을 테스트하고 미세 조정하는 방법을 살펴본다.

9장, 패키징 및 배포에서는 개발 주기의 마지막 과정을 다룬다. 그래들^{Gradle}을 자세히 살펴보고 수익화 기술을 살펴본다.

▌ 준비 사항

안드로이드 스튜디오 SDK는 모두 오픈소스고, developer.android.com에서 다운로드 할 수 있다.

책 전반에 걸쳐 다양한 외부 플러그인의 다운로드 위치와 함께 설명한다.

▌ 이 책의 대상 독자

안드로이드 스튜디오 3으로 이전하거나 안드로이드 스튜디오 3에 숙달하려는 안드로 이드 개발자가 대상이다.

▌ 편집 규약

이 책에서는 독자의 이해를 돕고자 다루는 정보에 따라 글꼴 스타일을 다르게 적용했 다. 이러한 스타일의 예제와 의미는 다음과 같다.

텍스트에서 코드 단어와 데이터베이스 테이블 이름, 폴더 이름, 파일 이름, 파일 확장 자, 경로, 더미 URL, 사용자 입력, 트위터 핸들은 다음과 같이 표시한다.

"앞의 예제에서는 android:src 대신 app:srcCompat를 사용했다."

코드 블록은 다음과 같이 표시한다.

```
public class ExampleUnitTest
{
  @Test
  public void addition_isCorrect() throws Exception {
      assertEquals(4, 2 + 2);
```

```
    }
}
```

코드 블록의 특정 부분을 강조하는 경우에 해당 줄이나 항목은 굵게 표시한다.

```
buildTypes {
    release {
        . . .
    }
}

productFlavors {
    flavorDimensions "partial", "full"
```

커맨드라인 입력이나 출력은 다음과 같이 표시한다.

```
gradlew clean
```

새로운 용어나 중요한 키워드는 고딕체로 표시한다. 애플리케이션의 메뉴나 대화상자에 나오는 텍스트는 다음과 같이 표시한다.

"빌드 메뉴에는 MakeBuild나 Analyze 외에도 유용한 메뉴가 있다. 예를 들면 프로젝트 정리^{Clean Project} 항목은 빌드 디렉토리에서 빌드 결과물을 삭제한다."

 경고나 중요한 내용은 이와 같이 나타낸다.

 팁이나 요령은 이와 같이 나타낸다.

▌ 독자 의견

독자로부터의 피드백은 항상 환영한다. 이 책에 대해 무엇이 좋았는지 또는 좋지 않았는지 소감을 알려주길 바란다. 독자 피드백은 앞으로 더 좋은 책을 발행하는 데 매우 중요하다.

일반적인 피드백을 우리에게 보낼 때는 간단하게 feedback@packtpub.com으로 이메일을 보내면 되고, 메시지의 제목에 책 이름을 적으면 된다.

여러분이 전문 지식을 가진 주제가 있고, 책을 내거나 책을 만드는 데 기여하고 싶다면 www.packtpub.com/authors에서 저자 가이드를 참고하길 바란다.

▌ 고객 지원

팩트출판사의 구매자가 된 독자에게 도움이 되는 몇 가지를 제공하고자 한다.

컬러 이미지 다운로드

책에서 사용한 스크린샷/다이어그램의 컬러 이미지를 담고 있는 PDF 파일을 제공한다. 컬러 이미지를 보면 출력 결과의 변화를 더 쉽게 이해할 수 있다. https://www.packtpub.com/sites/default/files/downloads/MasteringAndroidStudio3_ColorImages.pdf에서 파일을 다운로드할 수 있다.

에이콘출판사의 도서정보 페이지 http://www.acornpub.co.kr/book/android-studio-3-master에서 컬러 이미지를 다운로드할 수 있다.

정오표

내용을 정확하게 전달하기 위해 최선을 다했지만, 실수가 있을 수 있다. 팩트출판사의 도서에서 문장이든 코드든 간에 문제를 발견해서 알려준다면 매우 감사하게 생각할 것이다. 그런 참여를 통해 그 밖의 독자에게 도움을 주고, 다음 버전의 도서를 더 완성도 높게 만들 수 있다. 오탈자를 발견한다면 http://www.packtpub.com/submiterrata를 방문해 책을 선택하고, 구체적인 내용을 입력해주길 바란다. 보내준 오류 내용이 확인되면 웹사이트에 그 내용이 올라가거나 해당 서적의 정오표 부분에 그 내용이 추가될 것이다. http://www.packtpub.com/support에서 해당 도서명을 선택하면 기존 정오표를 확인할 수 있다.

한국어판은 에이콘출판사의 도서정보 페이지 http://www.acornpub.co.kr/book/android-studio-3-master에서 찾아볼 수 있다.

저작권 침해

인터넷에서의 저작권 침해는 모든 매체에서 벌어지고 있는 심각한 문제다. 팩트출판사에서는 저작권과 사용권 문제를 매우 심각하게 인식한다. 어떤 형태로든 팩트출판사 서적의 불법 복제물을 인터넷에서 발견한다면 적절한 조치를 취할 수 있도록 해당 주소나 사이트명을 알려주길 부탁한다.

의심되는 불법 복제물의 링크는 copyright@packtpub.com으로 보내주길 바란다. 저자와 더 좋은 책을 위한 팩트출판사의 노력을 배려하는 마음에 깊은 감사의 뜻을 전한다.

질문

이 책과 관련해 질문이 있다면 questions@packtpub.com으로 문의하길 바란다. 최선을 다해 질문에 답하겠다. 한국어판에 관한 질문은 이 책의 옮긴이나 에이콘 출판사 편집 팀(editor@acornpub.co.kr)으로 문의해주길 바란다.

01

워크스페이스 구조

안드로이드 스튜디오Android Studio는 안드로이드 앱 개발, 테스트 및 패키징을 위해 설계한 강력하고 정교한 개발 환경이다. 안드로이드 SDK와 함께 패키지로 다운로드할 수 있지만, 안드로이드 스튜디오는 도구와 컴포넌트의 모음이고, 대부분 도구와 컴포넌트는 독립적으로 설치하거나 업데이트한다.

안드로이드 스튜디오가 안드로이드 앱을 개발할 수 있는 유일한 IDE가 아니고, 다른 IDE로 이클립스Eclipse와 넷빈즈NetBeans가 있다. 그리고 노트패드Notepad와 커맨드라인을 사용해서도 앱을 개발할 수 있지만, 이 방법은 매우 느리고 복잡하다.

다른 IDE에서 이전하거나 안드로이드 스튜디오를 최대한 활용하기 위해 이 책에서는 UI 개발부터 시작해서 코딩 및 테스트를 거쳐 빌드와 배포까지, 앱을 개발하는 과정에서 마주하는 순서대로 가장 유용한 모든 기능을 설명한다. 안드로이드 스튜디오는 개발의 모든 단계에서 도움이 되는 유용하고 스마트한 도구를 제공한다.

안드로이드 스튜디오는 여러 목적에 맞게 제작됐고, IDE가 제공하지 않는 여러 중요한 기능을 제공하는 서드파티third-party 플러그인이 점점 늘어나고 있다. 외부 플러그인은 빌드 시간 단축, 와이파이Wi-Fi로 연결해서 프로젝트를 디버깅하는 플러그인 등이 있다. 그중 가장 유용하고 인기 있는 플러그인은 해당 절에서 다룬다. 책 전반에 걸쳐 안드로이드 스튜디오가 내장한 컴포넌트와 플러그인을 사용해서 지루하고 어려운 작업을 빠르게 처리하는 방법을 찾을 것이다.

1장에서 다루는 대용은 다음과 같다.

- 안드로이드 스튜디오와 다른 IDE와의 차이
- 안드로이드 스튜디오 간략하게 살펴보기
- 워크스페이스 구조
- 편집기 창
- 머티리얼 테마 만들기
- 도구 창 이해
- 기기 파일 시스템
- 인스턴트 런을 사용해서 빌드 속도 향상
- SDK 관리자
- 가상 기기 관리자
- 다른 IDE 프로젝트 가져오기

안드로이드 스튜디오

1장에서는 다른 IDE에서 안드로이드 스튜디오로 이전하는 개발자를 고려한다. 이미 안드로이드 스튜디오에 익숙하다면 일부 절은 건너뛰어도 되지만, 알지 못했던 유용한 팁이 많다.

다른 IDE가 훌륭한 도구라는 것에는 논란의 여지가 있지만, 이클립스 같은 다른 IDE를 사용하는 데는 분명한 장점이 몇 가지 있다. 많은 개발자가 다중 플랫폼을 대상으로 개발하고, 이것이 이클립스를 선택하는 좋은 이유다. 모든 개발자는 최종 기한을 갖기에 익숙하지 않은 소프트웨어를 선택하면 처음에 개발 속도가 느려질 수 있다. 이 책에서는 빠르게 안드로이드 스튜디오로 이전해서 가능한 한 최소의 중단으로 안드로이드 스튜디오가 제공하는 추가 기능을 이용한다.

▍ 안드로이드 스튜디오 특징

안드로이드 스튜디오는 다른 IDE나 개발 도구와 차이점이 많다. 일부는 지원 라이브러리를 설치하는 방법 등의 아주 미미한 차이다. 그러나 빌드 과정과 UI 설계 등은 근본적으로 다르다.

IDE를 자세히 살펴보기 전에 먼저 중요한 차이점이 무엇인지 이해하는 것이 좋다. 주요 차이점은 다음과 같다.

- **UI 개발** 안드로이드 스튜디오가 다른 IDE와의 가장 중요한 차이는 다른 IDE 보다 훨씬 뛰어난 텍스트, 디자인, 그리고 도면 뷰$^{blueprint\ views}$를 제공하는 레이아웃 편집기$^{layout\ editor}$다. 가장 중요한 것은 액티비티^{activity}나 프래그먼트^{fragment}를 위한 컨스트레인트 레이아웃$^{constraint\ layout}$ 도구와 사용하기 쉬운 테마와 스타일 편집기, 그리고 드래그앤드롭 설계 기능이다. 또한 레이아웃 편집기는 다른 IDE에서 볼 수 없는 여러 도구를 제공한다. 예를 들어 많은 기기에서 레이아웃을 볼 수 있는 종합적인 미리 보기 기능과 사용하기 쉬운 테마와 번역 편집기$^{translation\ editors}$가 있다.
- **프로젝트 구조** 기본 디렉터리 구조는 같지만, 안드로이드 스튜디오가 프로젝트를 구조화하는 방법은 이전 버전과 아주 다르다. 이클립스처럼 워크스페이스^{workspace}를 사용하지 않는다. 그리고 워크스페이스를 전환하지 않고 쉽게 작업할 수 있는 모듈^{modules}을 사용한다.

 이클립스 워크스페이스는 안드로이드 스튜디오에서는 프로젝트고, 이클립스의 프로젝트는 모듈이다.

처음에는 이 구조 차이가 이상하게 느끼겠지만, 이클립스 사용자가 안드로이드 스튜디오에 익숙해지면 시간을 많이 절약할 수 있음을 알게 될 것이다.

- **코드 완성(Code completion)과 리팩토링(refactoring)** 코드를 작성하는 동안 안드로이드 스튜디오가 코드를 지능적으로 완성하는 방식을 사용하면 개발자를 즐겁게 한다. 코드 완성 기능은 주기적으로 개발자가 입력하는 것을 예상하고, 종종 키보드를 두세 개 치기 전에 전체 코드 줄을 입력할 수도 있다. 리팩토링도 이클립스, 넷빈즈 같은 다른 IDE보다 쉽고 광범위하게 사용할 수 있다. 지역 변수부터 전체 패키지까지 거의 모든 것의 이름을 바꿀 수 있다.

- **에뮬레이션(Emulation)** 안드로이드 스튜디오는 개발자가 다양한 기기를 모델링할 수 있는 기기 에뮬레이터를 만들 수 있는 유연한 가상 기기 편집기^{virtual device editor}를 제공한다. 에뮬레이터는 폼 팩터^{form factor}와 하드웨어 구성을 모두 사용자가 정의할 수 있고, 많은 제조사에서 가상 기기를 다운로드할 수 있다. 다른 IDE 사용자는 이미 안드로이드 AVD에 익숙하겠지만, 분명히 디자인 탭^{Design tab}에 있는 미리 보기 기능에 감사할 것이다.

- **빌드 도구(Build tools)** 안드로이드 스튜디오는 많은 자바 개발자에게 익숙한 아파치 앤트 시스템^{Apache Ant system}과 같은 기능을 수행하는 그래들 빌드 시스템^{Gradle build system}을 사용한다. 그래들 빌드 시스템은 앤트보다 더 유연하고, 개발자가 APK를 만들어 테스트플라이트^{TestFlight}에 올릴 수 있게 사용자 정의에 따라 빌드하거나 편리하게 앱의 데모 버전을 만들 수 있다. 안드로이드 스튜디오는 JAR 파일로 패키징한 라이브러리나 외부 SDK가 아닌 그래들을 사용해서 빌드한다.

이런 차이점이 안드로이드 스튜디오와 다른 IDE 간의 가장 큰 차이지만, 고유한 기능은 더 많다. 안드로이드 스튜디오는 강력한 JUnit 테스트 기능, 클라우드 플랫폼 지원과 와이파이 디버깅도 지원한다. 또한 안드로이드 스튜디오는 이클립스보다 빠르고, 공정하게 말해서 광범위한 개발 요구를 충족하고, 더불어 덜 강력한 머신에서 실행할 수 있다.

또한 안드로이드 스튜디오는 인스턴트 런^{Instant Run} 기능에 의해 혁신적으로 시간을 절약한다. 인스턴트 런은 프로젝트에서 편집한 일부 코드만 빌드한다. 따라서 프로젝트 전체를 빌드할 때까지 기다리지 않고도 적은 변경을 테스트할 수 있다. 인스턴트 런 기능으로 빌드 시간을 몇 분에서 거의 0까지 줄일 수 있다.

처음 안드로이드 스튜디오를 사용하거나 더 익숙해지길 원한다면 가장 중요한 구조를 넓게 살펴보는 것이 첫 번째 단계다.

▌ 워크스페이스 구조

안드로이드 스튜디오의 전체적인 구조는 다른 IDE와 다르지 않다. 전체 구조는 텍스트 편집과 화면 컴포넌트, 프로젝트 구조 탐색, 그리고 모니터링과 디버깅 창이 있다. 안드로이드 스튜디오는 아주 유연하고 많은 특정 요구와 환경 설정을 적절하게 구성할 수 있다. 일반적인 레이아웃은 다음과 같다.

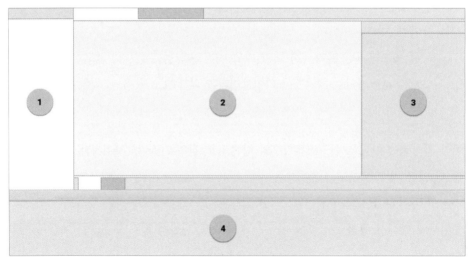

일반적인 워크스페이스 레이아웃

앞의 창은 어떤 방식으로든 정렬할 수 있지만, 이 이미지에서 네 개의 창은 다음과 같은 기능을 가진다.

1. 프로젝트, 모듈 및 라이브러리 탐색
2. 텍스트 편집과 레이아웃 설계
3. 컴포넌트 속성 정의 및 화면 미리 보기
4. 모니터링과 디버깅

 열린 창이 많아지면 집중하기 힘들 수 있다. 그래서 안드로이드 스튜디오는 View 메뉴에서 현재 편집기 창만 보여주는 Distraction Free Mode를 제공한다.

프로젝트에서 보이는 다양하고 많은 속성 창이 있고, 여러 방법으로 구성할 수 있지만, 개별 창을 살펴보는 것이 가장 좋은 방법이다.

편집기 창

IDE에서 가장 중요한 창은 당연히 코드를 작성하고 수정하는 창이다. XML과 자바를 편집하는 편집기뿐 아니라 번역 및 테마와 같은 리소스를 단순화시키는 편집기도 있다. 편집기는 그래픽 형태지만, 안드로이드 리소스는 결국 res 디렉터리에 XML 파일로 저장한다.

편집기는 코드를 전혀 작성하지 않아도 안드로이드 리소스를 대부분 만들 수 있게 한다. 테마는 테마 편집기에서 마우스 클릭 몇 번으로 만들 수 있다. 그러나 전문가라면 기본 코드와 안드로이드 스튜디오가 리소스를 저장하는 방법과 위치를 아는 것은 중요하다. 다음 예제는 테마 편집기를 사용해서 새 안드로이드 테마를 만드는 방법을 보여준다.

1. 안드로이드 스튜디오 프로젝트를 시작하거나 연다.

2. Tools ➤ Android ➤ Theme Editor 메뉴로 테마 편집기를 연다.

테마 편집기

3. 편집기의 오른쪽 위에 있는 테마^{Theme} 드롭다운에서 Create New Theme를 선택하고 New Theme 대화상자에 이름을 입력한다.

4. Theme parent 필드는 남겨둔다.

5. colorPrimary 색 아이콘을 클릭한다.

6. 웨이트^{weight}가 500인 결과에서 원하는 색을 선택한다.

7. 같은 방법으로, 보조 색$^{secondary color}$으로 웨이트가 700인 동일한 색을 선택한다.

8. 강조색$^{accent color}$은 기본 색과 잘 대조되게 웨이트가 200인 색을 선택한다.

9. 앞에서 설정한 값을 확인하려면 미리 보기나 디자인 편집기를 연다.

앞의 예제에서 앱 전체에 자동으로 적용하는 새 테마를 만들었다. 기본으로 제공하는 **AppTheme**를 편집할 수도 있지만, 나중에 여러 개의 테마를 사용하려면 앞 예제의 방법을 사용하면 테마를 쉽게 추가할 수 있다. IDE는 다음과 같은 코드를 추가해서 변경 내용을 바로 적용한다.

res/values/styles.xml 파일은 다음과 같다.

```
<style name="MyTheme" parent="AppTheme" />
```

실제 변경된 색은 res/values/colors.xml 파일에서 확인할 수 있다.

테마 편집기는 안드로이드 스튜디오 편집기가 몇 번의 마우스 클릭만으로 코드를 만들고 수정하는 방법을 잘 보여준다.

 안드로이드 스튜디오의 모든 편집기에서 Ctrl + Shift + F12 키[1]로 화면을 최대화할 수 있다. 원래 레이아웃으로 전환하는 데는 같은 키를 사용한다.

다음 이미지에 보이듯이 File 메뉴에서 Settings ❯ Editor ❯ Colors & Fonts를 선택해서 IDE 자체 테마도 변경할 수 있다.

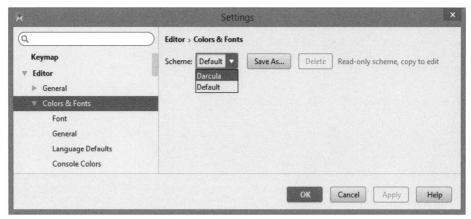

안드로이드 스튜디오 테마 대화상자

안드로이드 스튜디오는 기본 테마를 대체할 수 있는 다큘라Darcula 색 스킴color scheme을 제공한다. 다큘라 테마는 어두운 배경에 텍스트를 밝게 표시해서 장시간 개발과 늦은 밤에 개발하는 데 눈을 덜 피곤하게 한다. 온라인에서 다운로드해 사용할 수 있는 스킴도 있고, 자신의 스킴을 디자인하는 것도 흥미로울 수 있다. 그러나 여기에서는

---

1. 맥의 경우에는 Ctrl + Cmd + F12 키를 사용하면 된다. 안드로이드 스튜디오의 단축키는 https://developer.android.com/studio/intro/keyboard-shortcuts.html?hl=ko에서 윈도우/리눅스 그리고 맥 버전의 키를 확인할 수 있다. – 옮긴이

출판을 목적으로 하기에 기본 IDE 테마를 계속 사용한다.

편집기의 또 다른 좋은 예는 번역 편집기^{Translations editor}이다. 번역 편집기는 프로젝트 구조가 다른 IDE와 어떻게 다른지 보여주는 좋은 방법이다. 다음 과정으로 어떻게 다른지 살펴본다.

1. res/values/strings.xml 파일에서 마우스 우측 버튼을 클릭해서 번역 편집기를 연다. 또한 XML 편집기 디자인 뷰에서 Language 드롭다운으로 열 수도 있다.
2. 편집기 오른쪽 위에 있는 지구본 아이콘을 클릭하고, 목록에서 언어를 선택한다.
3. 다음 이미지와 같이 번역할 문자열을 선택하고 다음 창에 값을 입력한다.

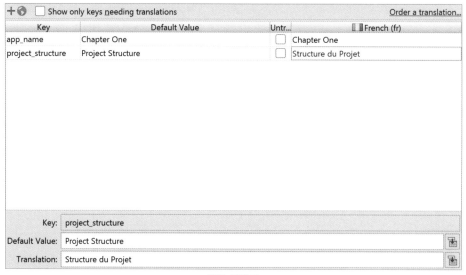

번역 편집기

앞의 예제는 안드로이드 스튜디오가 리소스를 저장하고 보여주는 방법을 알려주는 데 중점을 둔 간단한 예제다. 편집기는 번역한 텍스트 문자열 값을 제외하고 원본과 같은 새 strings.xml 파일을 만든다. strings.xml 파일은 사용자가 기본으로 설정한 언어를 가진 기기에서 자동으로 참조된다.

프로젝트 탐색기^{Project Explorer}에서 보면 프로젝트 디렉터리의 values 디렉터리에 strings.xml이 두 개 있다고 생각할 수 있다. 사실 이 방법은 리소스를 구조화하는 데만 도움이 된다. 디스크의 프로젝트 폴더를 살펴보면 res 디렉터리에 values 폴더와 values-fr 폴더가 두 개(또는 더 많이) 있다는 것을 알 수 있다. 이 방법은 작업을 구조화하는 데 도움이 될 뿐 아니라 필요한 리소스 폴더만 기기에 설치해서 앱이 기기에서 차지하는 공간을 줄이는 데 도움이 된다.

 실제 폴더의 계층 구조는 메인 툴바 아래에 있는 탐색 바에 항상 보인다.

탐색 바

테마 편집기와 번역 편집기는 비교적 덜 중요하지만 안드로이드 스튜디오가 앱 리소스를 관리하는 방법을 소개하기에 좋다. 개발자는 대부분의 시간에 코드 편집기를 사용하므로 이 책 전반에 걸쳐서 더 깊게 다룬다. 코드 편집기가 IDE의 핵심이지만 유용하고 중요한 도구가 많다. 가장 일반적으로 사용하는 도구는 도구 메뉴에서 사용할 수 있다.

도구 창

플러그인을 설치했다면 적어도 12개 이상의 도구 창^{tool windows}을 사용할 수 있다. 도구 창은 View ❯ Toos Windows 메뉴로 접근할 수 있고, 워크스페이스 아래에 있는 상태 표시줄의 왼쪽에 있는 도구 아이콘 또는 Alt 키와 숫자 키 조합으로 도구 창을 연다.

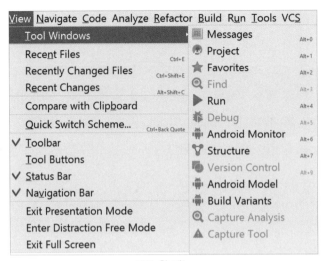

도구 창 메뉴

도구 창은 구성이 쉽고, 개별 창은 도킹^{docked}, 플로팅^{floating}, 자체 창을 포함하게 설정할 수 있다.

 워크스페이스 경계 주변의 도구 창 탭은 상태표시줄에 있는 도구 창 아이콘을 사용해서 숨기거나 보여줄 수 있다.

도구 창 설정 기능은 다음과 같이 두 개 이상의 화면으로 작업할 때 특히 유용하다.

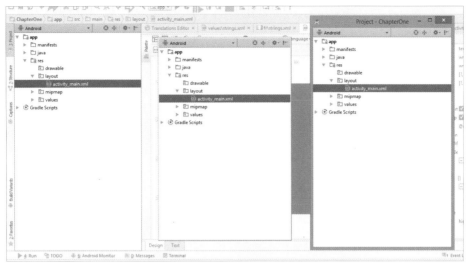

도킹(docked), 플로팅(floating), 그리고 자체 창을 포함하는 도구 창

책 전반에 걸쳐서 모든 도구에 대해 자세히 다룰 것이다. 하지만 지금은 가장 일반적으로 사용하는 도구를 간략하게 살펴보자.

- **메시지(Messages)** Alt + 0. 이 도구는 그래들^{gradle} 빌드 과정을 보여준다. 자세한 결과는 그래들 콘솔에서 확인할 수 있다.

- **프로젝트(Project)** Alt + 1. 일반적으로 워크스페이스 왼쪽에 고정돼 있고, 주 탐색 도구다.

- **즐겨찾기(Favorites)** Alt + 2. 즐겨찾기 도구는 많이 사용하는 클래스나 컴포넌트에 빠르게 접근할 수 있게 하는 매우 편리한 구조화 도구다. 즐겨 찾기 목록에 추가하려면 프로젝트 창의 파일에서 마우스 오른쪽 버튼을 클릭한 후 드롭다운 메뉴에서 Add to Favorites를 선택한다.

- **실행(Run)** Alt + 3. 앱을 기기나 에뮬레이터에서 실행할 때 사용할 수 있는 강력한 진단 도구다.

- **안드로이드(Android)** Alt + 4. 안드로이드 스튜디오의 메인 디버깅 창이다. 실행 중인 앱의 로그를 모니터링하거나 스크린샷하는 데 사용한다.

- **메모리 모니터(Memory Monitor)** Alt + 5. 실행 중인 앱 메모리 사용량을 실시간 그래프로 보여주는 매우 유용한 도구다.
- **구조(Structure)** Alt + 6. 이 도구는 현재 편집기에 대한 자세한 정보를 만들고, 해당 파일이 갖고 있는 클래스, 변수 및 기타 컴포넌트를 계층 구조로 보여준다.

도구 창에서 가장 유용한 도구 중 하나는 기기 파일 탐색기^{Device File Explorer}다. 기기 파일 탐색기를 사용해서 연결된 기기나 에뮬레이터의 파일 시스템을 살펴볼 수 있다.

기기 파일 탐색기 도구

 TIP 모든 앱 파일은 data/data에서 볼 수 있다.

도구 창은 매우 유용하며, 작업하는 업무에 적합하게 IDE를 구성하게 한다. 적절한 도구를 선택할 수 있는 것이 안드로이드 스튜디오의 가장 유용한 기능 중 하나다. 실제로 안드로이드 스튜디오는 강력한 안드로이드 SDK와 연결하는 프론트엔드^{frontend} 인터페이스일 뿐이다.

▌ 안드로이드 SDK

엄밀히 말해 SDK^{Software Development Kit}는 다른 IDE에서도 사용하므로, 안드로이드 스튜디오의 일부가 아니다. 그러나 SDK가 없는 IDE는 사용할 수 없으므로, SDK와 SDK 관리자에 대해 간략히 살펴본다.

안드로이드 SDK는 자바 클래스와 인터페이스를 복잡하지만, 논리적인 계층 구조로 구성한 거대한 API 모음이다. 그리고 USB 드라이버와 하드웨어 가속기와 같은 유틸리티 도구도 함께 제공한다.

SDK와 SDK 컴포넌트는 운영체제보다는 훨씬 더 빈번하게 업데이트하고, 사용자는 설정을 전혀 몰라야 한다. 안드로이드 사용자는 롤리팝^{Lollipop}이나 허니콤^{Honeycomb}의 시각에서 생각하지만, 개발자는 SDK 레벨 관점으로 본다.

SDK 관리자는 주 툴바나 File 메뉴에서 Settings ❯ Appearance & Behavior ❯ System Settings ❯ Android SDK로 접근할 수 있고, SDK를 관리한다. 그 외에 안드로이드 스튜디오가 없어도 SDK 관리자를 실행할 수 있다. SDK 관리자는 \AppData\Local\Android\sdk에서 확인할 수 있다.

Name	API	Rev.	Status
▲ ☐ 📁 Tools			
☐ 🔧 Android SDK Tools		25.2.4	☑ Installed
☐ 🔧 Android SDK Platform-tools		25.0.3	☑ Installed
☐ 🔧 Android SDK Build-tools		24.0.1	☑ Installed
☐ 🔧 Android SDK Build-tools		24	☑ Installed
▲ ☐ 🖳 Android 7.0 (API 24)			
☐ 🤖 SDK Platform	24	2	☑ Installed
▷ ☐ 🖳 Android 5.1.1 (API 22)			
▷ ☐ 🖳 Android 5.0.1 (API 21)			
▲ ☐ 📁 Extras			
☐ 📦 Android Support Repository		41	☑ Installed
☐ 📦 Google Repository		41	☑ Installed
☐ 📦 Android Auto API Simulators		1	☑ Installed
☐ 📦 Google USB Driver		11	☑ Installed

독립적인 안드로이 SDK 관리자

SDK 관리자에는 도구tools, 플랫폼platform, 기타extra의 세 가지 분류가 있다. 최소한 최신 SDK 도구, 플랫폼 도구, 빌드 도구가 필요하다. 또한 가장 최신 플랫폼과 대상이 되는 플랫폼 버전도 직접 설치해야 한다. 그리고 **구글 USB 드라이버와 HAXM 하드웨어 가속기**와 함께 만들 가상 기기를 위한 시스템 이미지가 필요하다.

 이클립스를 사용해서 앱을 개발했다면 안드로이드 지원 라이브러리를 알고 있을 것이다. 안드로이드 스튜디오를 사용하는 경우에는 지원 저장소(Support Repository)를 설치해야 한다.

다양한 업데이트를 관리하는 가장 쉬운 방법은 자동으로 업데이트하게 설정하는 것이다. 이 설정은 Appearance and Behavior ❯ System Settings ❯ Updates 아래의 Settings 대화상자(Ctrl + Alt + S)에서 설정한다.

SDK는 개발 환경의 주축이고, SDK를 잘 이해하더라도 개발한 앱을 테스트할 방법이 필요하다. 실제 기기가 갖고 있지 않은 경우에는 안드로이드 기기 에뮬레이터를 사용해서 가상 기기를 만들어 테스트하면 된다.

가상 기기

시장에서 팔리고 있는 안드로이드 기기가 너무 많아서 실제 기기에서 앱을 완벽하게 테스트할 수 없다. 따라서 가상 기기 관리자는 에뮬레이트한 기기를 만들 수 있게 지원한다.

AVD 관리자를 사용해서 폼 팩터와 하드웨어 프로파일을 처음부터 만들 수 있고, 기본적으로 여러 개의 가상 기기를 제공한다. 그리고 여러 제조사 웹사이트에서 다운로드할 수 있는 시스템 이미지를 제공한다.

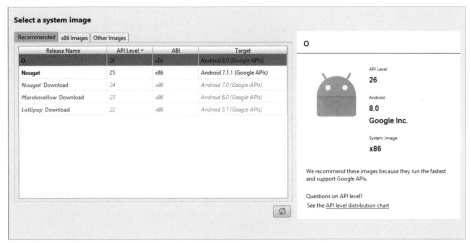

AVD 구성 화면

안드로이드 에뮬레이터는 아주 강력한 머신에서도 아주 느릴 수 있다. 완전하게 동작하는 가상 기기를 만드는 일은 아주 복잡한 작업이기에 느린 속도를 예상할 수 있다. 그러나 개발하는 앱의 특정 작업에 적합한 가상 기기를 설계해서 속도를 향상시킬 수 있는 방법이 몇 가지 있다. 예를 들어 앱에서 카메라를 사용하지 않는 경우에는 기기 설정에서 카메라를 포함하지 않는다. 마찬가지로 앱에서 필요한 메모리보다 훨씬 큰 메모리를 할당하지 않는다.

안드로이드 가상 기기가 사용할 수 있는 유일한 선택은 아니고 일부지만 서드파티 에뮬레이터가 증가하고 있다. 대부분의 서드파티 에뮬레이터는 개발자보다는 게임을 즐기는 사람을 대상으로 설계됐다. 지니모션^{Genymotion}은 별도의 개발 도구지만, 기존 에뮬레이터보다 더 많은 기능을 제공하고 대개 더 빠르다. 지니모션은 개인 사용자에게만 무료이고, 핸드폰과 태블릿용 이미지만 제공한다. 따라서 웨어러블^{wearables}이나 TV 같은 큰 화면의 기기를 대상으로 제공하지는 않는다.

당연히 실제 기기가 에뮬레이터보다 훨씬 빠르게 응답한다. 기본 기능을 테스트할 때 실제 기기를 사용하면 빠르게 결과를 확인할 수 있다. 실제 기기에서 앱의 기본에 대해 테스트하기에는 적합하지만, 안드로이드 기기가 가질 수 있는 다양한 화면 크기,

모양, 밀도에 대해서는 확인할 수 없다.

실제 기기를 사용하는 것이 앱의 로직을 테스트하는 가장 빠른 방법이지만, 특정 모델이나 일반적인 크기와 모양의 앱을 개발하는 상황에서도 가상 기기가 필요하다. 다행히 안드로이드 스튜디오는 빠르게 빌드하는 인스턴트 런^{Instant Run} 기능을 제공한다.

인스턴트 런

이전 버전의 안드로이드 스튜디오에서는 어떤 기기에서든 프로젝트를 실행할 때마다 전체 빌드를 수행했다. 코드를 일부 수정해도 앱 전체를 다시 빌드하고 설치할 때까지 기다려야 했다. 이 과정은 특히 낮은 사양의 머신에서 시간을 많이 낭비할 수 있다. 이런 속도 문제는 한 번에 여러 수정 사항을 테스트하게 만들고, 이 방법은 디버깅을 더 복잡하게 만든다.

인스턴트 런은 마지막 빌드 이후에 변경된 클래스나 액티비티만 빌드한다. 매니페스트^{manifest} 파일을 수정하지 않으면 앱을 다시 설치하지 않는다. 경우에 따라서는 런처 액티비티^{launch activity}도 다시 시작하지 않는다.

인스턴트 런은 최근의 혁신이어서 안타깝지만 모든 안드로이드 버전에서 사용할 수는 없다. 인스턴트 런은 API 수준 15 이후부터 사용할 수 있지만, 최대로 활용하려면 SDK 레벨을 21 이후로 설정해야 한다. 안드로이드 스튜디오에서 **app** 모듈의 build.xml에 다음과 같이 레벨을 설정한다.

```
android {
    compileSdkVersion 25
    buildToolsVersion "25.0.1"
    defaultConfig {
        applicationId "com.mew.kyle.chapterone"
        minSdkVersion 21
        targetSdkVersion 25
```

```
        versionCode 1
        versionName "1.0"
        testInstrumentationRunner
        "android.support.test.runner.AndroidJUnitRunner"
    }
}
```

종종 이전 버전에서도 사용할 수 있게 하위 호환성을 갖게 만든다. API 레벨 21 이상
만 지원하는 앱을 개발하면 많은 사용자가 사용할 수 없다. 그러나 인스턴트 런을
사용해서 API 21 이상에서 테스트 및 디버깅하고, 나중에 대상 버전을 낮추는 것이
좋다.

 안드로이드 대상 버전을 결정할 때 플랫폼과 화면 크기 및 밀도의 최근 사용량을 보여
주는 유용한 대시보드가 있다. developer.android.com/about/dashboards/index.
html에서 대시보드를 확인할 수 있다.

다른 IDE에서 안드로이드 스튜디오로 바꾸는 일은 어렵지 않고, 일단 옮기면 매우
유용할 것이다. 그러나 다른 IDE에서 개발 중인 프로젝트를 안드로이드 스튜디오로
계속 개발하길 원할 수도 있다. 다행히 프로젝트를 옮기는 작업은 간단하고, 다음 절
에서 설명한다.

▌ 안드로이드 스튜디오로 프로젝트 가져오기

이클립스는 의심할 여지없이 최고의 개발 도구 중 하나로, 15년 동안 많은 개발자가
매우 익숙해져 있다. 다양한 플랫폼을 대상으로 개발하는 경우 이클립스는 환상적인
도구지만, 안드로이드 앱을 개발하는 경우에는 안드로이드 스튜디오와 경쟁하긴 어
렵다.

이클립스에서 개발한 프로젝트를 안드로이드 스튜디오로 이전한다면 안드로이드 스튜디오에서 가져오기 작업을 할 가능성이 높다. 다음 과정은 프로젝트를 가져오는 방법을 보여준다.

1. 먼저 이클립스 ADT 루트 디렉터리에 src와 res 디렉터리, AndroidManifest. xml 파일이 있는지 확인한다.

2. 이클립스에서 서드파티 플러그인을 사용한다면 안드로이드 스튜디오에 같은 플러그인을 설치할 수 있으므로 적어둔다.

3. 안드로이드 스튜디오를 열고 시작 화면에서 Import Project 또는 File ❯ New ❯ Import Project를 선택한다.

4. 매니페스트를 포함하는 폴더를 선택하고 옮길 대상 폴더를 준비한 후 가져오기 과정을 따라 완료한다.

가져오기 과정은 원본을 그대로 두고 프로젝트의 완전한 복사본을 만든다. 따라서 개발자가 원하는 경우 여전히 이클립스에서 작업할 수 있다. 안타깝게도 서드파티 플러그인을 가져올 순 없지만 안드로이드 스튜디오에서 사용할 수 있는 플러그인의 수가 증가하고 있고, 대체하기 적당한 플러그인을 찾을 수 있다. File ❯ Settings ❯ Plugins에서 사용할 수 있는 플러그인을 찾을 수 있다.

 같은 워크스페이스에 여러 개의 이클립스 프로젝트가 있다면 하나는 프로젝트로, 나머지는 모듈로 가져와야 한다.

프로젝트 구성을 살펴볼 때 가져오기 과정을 다시 한 번 살펴보겠지만, 여기에서의 모든 프로젝트는 안드로이드 스튜디오로 시작했다고 가정한다.

▍ 요약

1장에서는 안드로이드 스튜디오에 익숙하지 않은 독자를 고려해서 간략하지만 안드로이드 스튜디오를 최대한 살펴봤다. 워크스페이스의 구조와 사용할 수 있는 다양한 편집기에 대해서도 살펴봤다. 그리고 머티리얼 디자인 테마^{Material Design theme}를 만들고, 도구 창을 사용해서 다양하고 유용한 작업을 수행했다. 또한 인스턴트 런을 적용해서 빌드 속도를 향상시켜 시간 낭비를 줄였다.

가상 기기에 대해 간략하게 살펴봤고, 다른 IDE에서 프로젝트를 가져오는 방법을 살펴보고 1장을 마무리한다. 2장에서는 레이아웃 편집기에 대해 살펴보고, 다양한 폼 팩터^{form factors}에서 동작하는 앱 인터페이스를 설계하는 방법을 살펴본다.

02

UI 설계

그래들 빌드 시스템을 비롯해서 안드로이드 스튜디오가 내장한 많은 기능 중 가장 두드러진 기능은 강력한 **사용자 인터페이스**^{UI, User Interface} 개발 도구다. IDE는 UI 개발에 드래그앤드롭^{drag and drop}과 하드 코드^{hard code}를 결합해서 다양한 뷰 디자인을 제공한다.

안드로이드 스튜디오는 실제 기기에서 프로젝트를 실행하기 전에 UI를 확인할 수 있는 종합적인 미리 보기 시스템^{preview system}을 내장했다. 또한 안드로이드 스튜디오는 머티리얼 디자인 레이아웃을 만들기 위해 디자인 라이브러리 및 복잡하고 비율을 고려해서 설계를 단순화하는 데 사용하는 퍼센트 지원 라이브러리^{Percent Support Library} 같은 유용한 지원 라이브러리를 포함한다.

2장은 UI 개발을 다루는 4개 장의 첫 번째 장이다. 2장에서는 안드로이드 스튜디오의 레이아웃 편집기^{Layout Editor}와 도구를 자세히 살펴본다. 가장 많이 사용하는 Layout/ViewGroup 클래스를 사용해서 동작하는 인터페이스를 만들고, 화면 회전을 설계하고 관리해본다. 또한 안드로이드 스튜디오의 미리 보기 시스템과 XML 레이아웃 리소스를 저장하고 적용하는 방법도 살펴본다. 그리고 테마, 머티리얼 디자인, 디자인 지원 라이브러리로 다시 돌아가서 마무리한다.

2장에서 다루는 내용은 다음과 같다.

- 레이아웃 편집기
- 선형^{linear}과 상대^{relative} 레이아웃 적용
- 컨스트레인트^{constraint} 라이브러리 설치
- ConstraintLayout 만들기
- 컨스트레인트 적용
- 그래픽 컨스트레인트 편집기 사용
- 컨스트레인트 가이드라인 추가
- TextView 기준선 맞추기
- 바이어스^{bias} 적용
- 자동 연결 사용
- 가상 기기 하드웨어 프로파일 만들기
- 가상 SD 카드 만들기

▌ 레이아웃 편집기

안드로이드 스튜디오를 사용하는 한 가지 이유가 있다면 레이아웃 편집기와 연관 도구 및 미리 보기 시스템일 것이다. 프로젝트를 열어보면 차이가 분명하다. 다음 그림은 레이아웃과 도면 뷰^{blueprint view} 사이의 차이를 보여준다.

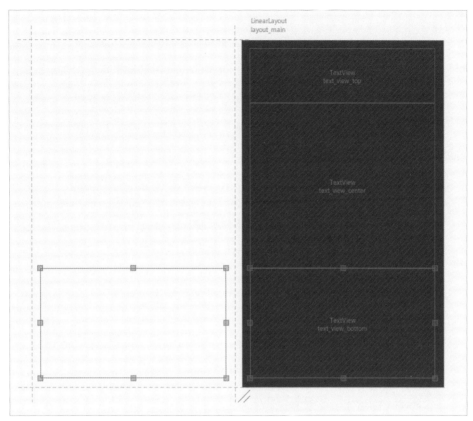

디자인 및 도면 레이아웃 뷰

도면 모드blueprint mode는 안드로이드 스튜디오 2.0의 새 기능으로, UI의 개략적인 뷰를 간단하게 보여준다. 도면 모드는 내용(UI에 바인딩된 데이터)으로 인한 혼잡스러움 없이 복잡한 레이아웃의 간격과 비율을 편집할 때 특히 유용하다. IDE는 기본으로 디자인 모드와 도면 모드를 나란히 표시한다. 그러나 편집기 툴바를 사용하면 한 가지만 볼 수 있고, 대부분의 경우에는 작업에 가장 적합한 모드를 선택한다.

 B 키는 툴바 아이콘의 대안으로, 디자인(Design), 도면(Blueprint)이 결합된(Design + Blueprint) 뷰 사이를 전환할 때 사용한다.

레이아웃에 대한 기본 코드를 모르더라도 그래픽 뷰를 사용해 프로젝트에서 필요한 모든 레이아웃을 완벽하게 만들 수 있다. 그래픽 뷰를 사용하는 것이 전문적인 접근 방식이 아니라서 테스트와 디버깅을 위해서 XML을 잘 이해해야 한다. XML 코드를 잘 이해한다면 UI 객체를 드래그앤드롭하는 것보다 코드를 약간 수정하는 것이 더 빠르다.

앞의 레이아웃을 위한 XML은 다음과 같다.

```
<LinearLayout xmlns:android=http://schemas.android.com/apk/res/android
    xmlns:tools=http://schemas.android.com/tools
    android:id="@+id/layout_main"
    android:layout_width="match_parent"
    android:layout_height="match_parent"
    android:orientation="vertical">

    <TextView
        android:id="@+id/text_view_top"
        android:layout_width="match_parent"
        android:layout_height="0dp"
        android:layout_weight="1" />

    <TextView
        android:id="@+id/text_view_center"
        android:layout_width="match_parent"
        android:layout_height="0dp"
        android:layout_weight="3" />

    <TextView
        android:id="@+id/text_view_bottom"
        android:layout_width="match_parent"
        android:layout_height="0dp"
        android:layout_weight="2" />

</LinearLayout>
```

앞의 코드에서 사용한 용어에 익숙하기를 바란다. `layout_weight`는 선형 레이아웃에서 비율을 조정하는 데 자주 사용하고, 다른 화면 비율을 가진 기기를 개발할 때 시간을 많이 절약해준다.

최근까지도 복잡한 UI를 만드는 유일한 선택은 선형 및 상대 레이아웃뿐이었다. 이 두 레이아웃은 이상적이지 않아서 개발이 오래 걸리거나 복잡하다. 안드로이드 스튜디오 2에서 선형 및 상대 레이아웃 문제에 대한 우아한 해결책으로 컨스트레인트 레이아웃^{constraint layout}을 소개했다. 컨스트레인트 레이아웃의 장점을 제대로 이해하기 위해서는 여전히 간단한 디자인에 많이 사용하는 선형 및 상대 레이아웃 클래스를 먼저 살펴보는 것이 좋다.

선형 및 상대 레이아웃 클래스

선형 레이아웃은 상대적으로 가볍고 단일 행이나 열을 기반으로 하는 레이아웃에 매우 유용하다. 그러나 복잡한 레이아웃은 레이아웃 안에 레이아웃을 중첩해야 해서 매우 빠르게 리소스를 소비한다. 다음 레이아웃을 살펴보자.

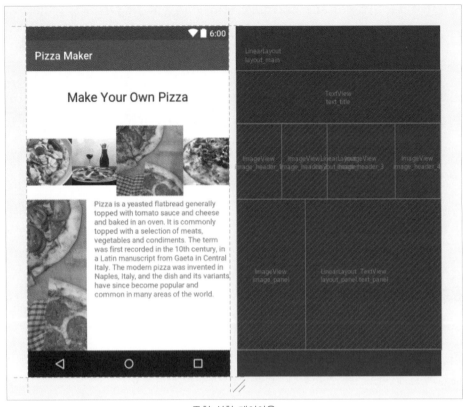

중첩 선형 레이아웃

다음의 컴포넌트 트리^{Component Tree}에서 볼 수 있듯이 앞의 레이아웃은 선형 레이아웃만 사용해서 만들었다.

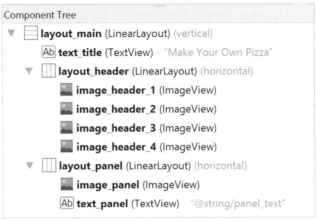

컴포넌트 트리

선형 레이아웃은 잘 동작하고 이해하기 쉽지만, 효율적이지는 않다. 레이아웃을 하나 만 중첩해도 성능에 좋지 않다. 컨스트레인트 레이아웃이 나오기 전까지는 상대 레이 아웃을 사용해서 이런 문제를 해결했다.

이름에서 알 수 있듯이 상대 레이아웃은 layout_toStartOf나 layout_below 같은 속성을 사용해서 서로 연관된 화면 컴포넌트를 위치시킬 수 있다. 상대 레이아웃으로 뷰 계층 구조를 중첩하지 않을 수 있고, 앞의 선형 레이아웃은 하나의 상대 루트 뷰 그룹으로 다시 만들 수 있다. 다음 코드는 앞의 선형 레이아웃에 있는 이미지 뷰를 레이아웃에 중첩하지 않고 만드는 방법을 보여준다.

```
<ImageView
    android:id="@+id/image_header_1"
    android:layout_width="128dp"
    android:layout_height="128dp"
    android:layout_alignParentStart="true"
    android:layout_below="@+id/text_title"
    app:srcCompat="@drawable/pizza_01" />

<ImageView
```

```
        android:id="@+id/image_header_2"
        android:layout_width="128dp"
        android:layout_height="128dp"
        android:layout_below="@+id/text_title"
        android:layout_toEndOf="@+id/image_header_1"
        app:srcCompat="@drawable/pizza_02" />

    <ImageView
        android:id="@+id/image_header_3"
        android:layout_width="128dp"
        android:layout_height="128dp"
        android:layout_alignParentEnd="true"
        android:layout_below="@+id/text_title"
        app:srcCompat="@drawable/pizza_03" />

    <ImageView
        android:id="@+id/image_header_4"
        android:layout_width="128dp"
        android:layout_height="128dp"
        android:layout_alignParentStart="true"
        android:layout_below="@+id/text_title"
        app:srcCompat="@drawable/pizza_04" />
```

안드로이드 스튜디오를 처음 사용하더라도 선형 및 상대 레이아웃은 익숙한 것으로 간주한다. 안드로이드 스튜디오에서 선형 및 상대 레이아웃을 사용한 기존 방식의 단점을 보완하기 위해 특별히 개발한 컨스트레인트 레이아웃을 접할 기회가 거의 없었을 것이다.

 앞 예제에서 android:src가 아닌 app:srcCompat을 사용했다. 여기에 꼭 필요하지는 않지만, 이미지에 틴트(tint)를 적용하고 이전 안드로이드 버전에 앱을 배포하길 원한다면 이 방법을 사용하면 된다.

▌ 컨스트레인트 레이아웃

컨스트레인트 레이아웃^{constraint layout}은 상대 레이아웃과 비슷하다. 그리고 메모리를 적게 소모하고, 뷰 그룹 계층을 만들지 않고도 복잡한 레이아웃을 만들 수 있다. 안드로이드 스튜디오는 화면 컴포넌트 및 연결까지 드래그앤드롭할 수 있는 비주얼 편집기를 제공해서 복잡한 레이아웃을 아주 쉽게 만들 수 있다. 레이아웃 구조를 쉽게 확인할 수 있으므로 새 레이아웃을 개발하는 훌륭한 샌드박스 환경을 제공한다.

다음 예제는 컨스트레인트 레이아웃을 사용할 수 있도록 컨스트레인트 라이브러리를 설치하는 과정이다.

1. 안드로이드 스튜디오 3.0은 ConstraintLayout을 기본으로 내장하지만, 이전 프로젝트에서 사용하려면 SDK 관리자를 열어야 한다. ConstraintLayout과 컨스트레인트 해결사^{constraint solver}는 다음 그림과 같이 SDK Tools 탭에서 확인할 수 있다.

컨스트레인트 레이아웃 API

2. Show Package Details 체크상자를 선택하고, 바로 필요하기에 버전 숫자를 메모한다.

3. 의존 라이브러리로 ConstraintLayout 라이브러리를 추가한다. 라이브러리를 추가하는 가장 간단한 방법은 모듈을 선택한 다음 File 메뉴에서 접근할 수 있는 Project Structure 대화상자에서 Dependencies 탭을 선택하는 것이다.

4. 열린 탭에서 + 버튼을 클릭하면 컨스트레인트 라이브러리를 볼 수 있고, 목록에서 이 라이브러리를 선택한다.

5. 마지막으로 툴바, build 메뉴 또는 Ctrl + Alt + Y를 사용해서 프로젝트를 동기화한다.

앞에서 설명한 방법이 의존 라이브러리를 추가하는 가장 간단한 방법이지만, 개발자가 내부 동작을 이해하는 것은 항상 좋다. 이 경우 모듈에서 build.gradle 파일을 열고 다음 코드에서 강조한 텍스트를 추가해서 수동으로 라이브러리를 추가할 수 있다.

```
dependencies {
    compile fileTree(dir: 'libs', include: ['*.jar'])
    androidTestCompile('com.android.support.test.espresso:espresso-
                        core:2.2.2', {
        exclude group: 'com.android.support', module: 'support-annotations'
    })

    compile 'com.android.support:appcompat-v7:25.1.0'
    compile 'com.android.support.constraint:constraint-layout:1.0.0-beta4'
    testCompile 'junit:junit:4.12'
```

상대 레이아웃을 사용해봤다면 layout_toRightOf나 layout_toTopOf와 같은 명령에 익숙할 것이다. 이 두 속성은 ConstraintLayout에서도 사용할 수 있지만, ConstraintLayout은 더 많은 속성을 지원한다. 특히 ConstraintLayout은 각 면을 기반으로 뷰를 위치시킬 수 있다. 예를 들어 layout_constraintTop_toBottomOf 속성은 뷰의 맨 위를 지정한 뷰의 아래에 맞춘다.

상대 레이아웃 속성에 대한 유용한 문서는 developer.android.com/reference/
android/widget/RelativeLayout.LayoutParams.html에서 확인할 수 있다.

ConstraintLayout 만들기

두 가지 방법으로 ConstraintLayout을 만들 수 있다. 첫 번째는 기존 레이아웃을
ConstraintLayout으로 변환하는 방법으로, 컴포넌트 트리나 그래픽 편집기 레이아웃
에서 오른쪽 버튼을 클릭해서 convert 옵션을 선택한다. 이제 다음과 같은 대화상자를
보게 될 것이다.

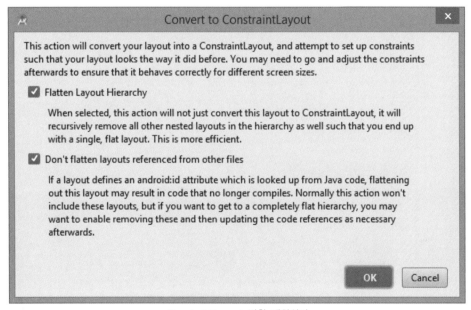

ConstraintLayout 변환 대화상자

일반적으로 두 가지 옵션을 다 선택하는 것이 좋지만, 항상 기대하는 대로 변환되지는
않는다. 따라서 기존 레이아웃에 충실한 결과를 만들기 위해서는 종종 뷰 크기에 대한
약간의 조절이 필요하다.

변환이 제대로 동작한다면 빠른 해결책을 제공하지만, 이 절의 주제에 익숙해지려면 처음부터 컨스트레인트 레이아웃을 만드는 방법을 알아야 한다. 처음부터 만드는 방법은 컨스트레인트 레이아웃 작업에 익숙해지면 특히 중요하다. 이 방법이 인터페이스를 설계하는 데 가장 쉽고 유연한 방법이라는 것을 알게 될 것이다.

ConstraintLayout이 레이아웃 편집기에 잘 통합돼서 XML을 작성하지 않고도 원하는 레이아웃을 설계할 수 있다. 그러나 기술에 대해 더 깊이 이해하기 위해 그래픽과 텍스트 모드 둘 다 자세히 살펴보겠다.

프로젝트 탐색기의 컨텍스트 메뉴context-sensitive menu의 res/layout 디렉터리에서 New ❯ Layout resource file로 다음과 같이 root element가 ConstraintLayout인 새 레이아웃을 만들 수 있다.

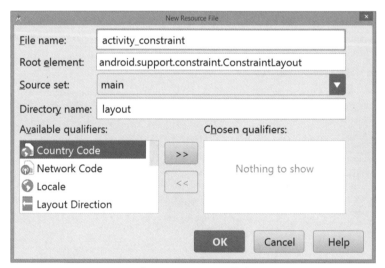

새 ConstraintLayout 추가

이 과정은 다음과 같은 XML을 만든다.

```xml
<?xml version="1.0" encoding="utf-8"?>
<android.support.constraint.ConstraintLayout
    xmlns:android="http://schemas.android.com/apk/res/android"
    android:layout_width="match_parent"
    android:layout_height="match_parent">

</android.support.constraint.ConstraintLayout>
```

다른 레이아웃과 마찬가지로 컨스트레인트 레이아웃도 뷰와 위젯을 배치하고 정렬하는 방법을 제공한다. 주로 핸들을 사용해서 뷰의 크기와 배치를 그래픽으로 위치시킬 수 있다.

컨스트레인트 적용

간단한 과정으로 알 수 있듯이 컨스트레인트 레이아웃이 동작하는 방법을 확인하는 가장 좋은 방법은 레이아웃을 만드는 것이다. 앞에서 설명한 대로 ConstraintLayout을 만들고, 다음 그림과 비슷하게 팔레트에서 하나 이상의 뷰나 위젯을 도면 화면에 드래그앤드롭한다.

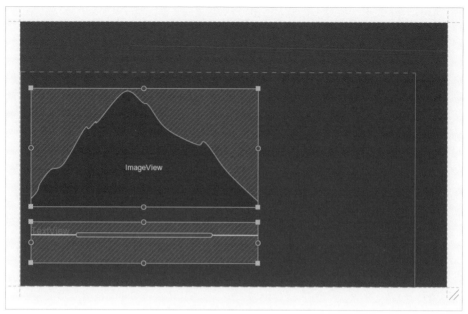

컨스트레인트 핸들

개별 뷰의 모서리와 면에 컨스트레인트 핸들^{constraint handles}이 있다. 모서리에 있는 핸들
은 이미 익숙한 방법으로 단순히 뷰의 크기를 조절할 때 사용한다. 그러나 면에 있는
핸들은 컨스트레인트를 만들 때 사용한다. 이런 뷰의 위치는 상대 레이아웃과 비슷하
게 뷰의 부모 뷰나 다른 뷰에 상대적이다.

이 방법은 주로 그래픽으로 편집하는 형식이고, 액션으로 설명하기에 가장 좋다. 뷰
중 하나의 왼쪽 면에 있는 기준점을 레이아웃의 왼쪽으로 드래그해서 부모 컨스트레
인트를 만들라는 메시지가 표시되면 마우스 버튼에서 손을 뗀다. 이 레이아웃은 다른
레이아웃을 포함하는 레이아웃으로 부모 컨스트레인트가 된다.

 컨스트레인트를 사용하면서 창의적인 디자인 가이드라인의 권장 값으로 여백(margin)
이 자동 설정되는지 확인할 수 있다.

이제 텍스트 편집기에서 열면 다음과 같은 컨트스레인트를 보게 된다.

```
app:layout_constraintLeft_toLeftOf="parent"
```

또한 코드에서 뷰에 에러가 있다는 것을 확인할 수 있다. 이 에러는 개별 뷰에 대해 수평과 수직 컨스트레인트가 필요하고, 다음 코드로 모두 해결한다.

```
app:layout_constraintTop_toTopOf="parent"
```

컨스트레인트는 자식 뷰 사이에서도 만들 수 있고, 드래그앤드롭을 사용하거나 다음과 같이 작성한다.

```
app:layout_constraintTop_toBottomOf="@+id/image_view"
```

 TIP 뷰의 네 면에 모두 컨스트레인을 설정하면 이 뷰는 컨테이너의 중앙에 배치된다.

형제 뷰를 정렬하고 인접한 두 면을 결합하는 데 컨스트레인트를 사용할 수 있다. 이 결합은 다음과 같은 코드를 생성한다.

```
app:layout_constraintLeft_toLeftOf="@+id/image_view"
```

컨스트레인트는 편집 모드에서 핸들을 클릭해서 매우 간단하게 삭제할 수 있다.

드래그앤드롭 방식이 안드로이드 스튜디오만의 특징은 아니지만, 속성 도구에서 편집할 수 있는 도식적인 뷰^{schematic perspective}를 제공한다는 점에서 안드로이드 스튜디오의 고유한 편집 도구다.

그래픽 속성 도구

다음과 같이 ConstraintLayout 뷰를 선택했을 때 속성 창에 보이는 뷰의 도식적 표현에 주목할 것이다.

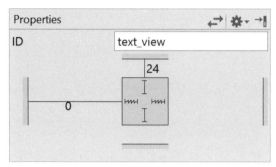

속성 도식

속성 도구에서 클릭 한 번으로 크기와 위치 속성을 편집할 수 있고, 간단한 도식 형태로 결과를 바로 이해할 수 있다. 속성 도구는 금방 배울 수 있고, 특히 다른 레이아웃과 비교했을 때 인터페이스 설계를 빠르게 할 수 있다.

뷰를 보여주는 가운데 정사각형 안에 네 개의 선이 있고, 선을 클릭하면 다음과 같은 세 가지 상태를 순환한다.

- Unbroken line   뷰는 정확한 너비를 가진다. 예를 들어 240dp
- Fuzzy line   뷰는 모든 크기(bias에 따라서)가 될 수 있다. 예를 들어 match_parent
- Directed line   뷰는 내용의 크기에 따라 달라진다. 예를 들어 wrap_content

종종 뷰를 컨테이너의 가장자리까지 제한하려 하지 않을 것이다. 예를 들면 레이아웃을 두 개 이상으로 나누고, 나눠진 레이아웃에 뷰를 구성할 수 있다. 가이드라인으로 화면을 나눌 수 있고, 부모의 모서리와 똑같이 사용할 수 있다. 다음 예를 살펴보자.

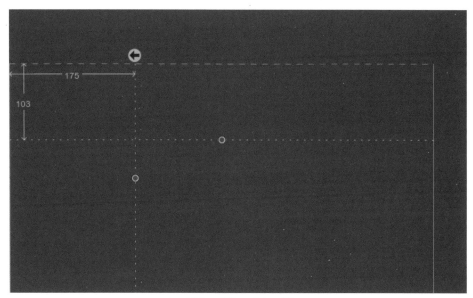

컨스트레인트 가이드라인

이 그림에서 볼 수 있는 가이드라인은 디자인 편집기 위쪽에 있는 컨스트레인트 툴바 constraint toolbar를 사용해서 가장 쉽게 추가할 수 있다. 가이드라인은 XML 컴포넌트로 추가하고, 코드는 다음과 같다.

```
<android.support.constraint.Guideline
    android:id="@+id/gl_vertical"
    android:layout_width="wrap_content"
    android:layout_height="311dp"
    android:orientation="vertical"
    app:layout_constraintGuide_begin="175dp" />
```

이제 가이드라인을 사용해서 전체 레이아웃 또는 네 개의 창 중 하나의 기준에 따라 요소를 중첩하지 않고 가운데 위치시킬 수 있다. 다음 스크린샷에서는 단일 창에 또 다른 뷰를 포함해서 가운데 맞춘 헤더와 측면 창을 갖고 있고, 이 요소에 바이어스를 적용할 수 있다.

컨스트레인트 가이드라인 적용

컨스트레인트 시스템이 아직 충분한 장점을 제공하지 보여주지 못했더라도 장점이 더 많다. 먼저 텍스트를 정렬할 때 아주 유용하다. 바이어스는 가중치 속성과 비슷한 기능을 수행하지만, 위치 지정 기능을 개선해서 여러 화면을 설계할 때 더 좋다. 먼저 텍스트 정렬 컨스트레인트를 살펴보자.

기준선 정렬

기준선^{baselines}을 사용해서 여러 뷰의 텍스트를 정렬하는 것은 텍스트의 크기가 다른 경우에 특히 어려운 일이다. 다행히 컨스트레인트 레이아웃은 간단하고 쉽게 텍스트를 정렬하는 방법을 제공한다.

텍스트를 포함하는 컨스트레인트 뷰나 위젯은 가운데 바를 포함한다. 다음 그림에서 보듯이 바가 깜박일 때까지 마우스를 올려 정렬하려는 텍스트가 있는 뷰로 바를 드래그한다.

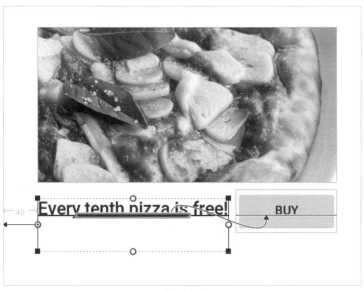

기준선 정렬

상대 레이아웃 클래스에서 위치를 조절하는 데 사용하는 그래비티^{gravity} 속성에 익숙할 것이다.

 기준선은 다른 기준선에만 연결할 수 있다.

컨스트레인트 레이아웃은 새로운 접근 방식을 도입해서 뷰의 양쪽 측면의 상대적 거리를 제어할 수 있다.

바이어스로 위치 제어

바이어스^{bias}는 퍼센트 값으로 더 잘 이해될 수 있지만, 뷰의 가운데나 모서리에 따라 뷰를 위치시키는 게 아니라, 뷰 양쪽의 공간 비율이다. 따라서 위쪽 바이어스가 33%면 뷰 아래 바이어스는 두 배가 될 것이다.

바이어스를 설정해보면 이해하기 쉽다. 뷰의 반대쪽 면에 컨스트레인트를 설정하면 연관 슬라이더에 속성 그래픽 편집기^{Properties graphic editor}가 보일 것이다.

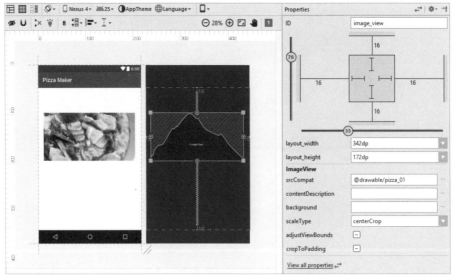

GUI로 바이어스 적용

만들어진 코드를 살펴보면 속성의 형식을 다음과 같이 보여준다.

```
app:layout_constraintHorizontal_bias="0.33"
```

화면 요소를 위치시키는 데 바이어스를 사용하는 방식의 가치 중 일부는 간단한 접근 방식에 있다. 그러나 실제 가치는 다중 화면을 개발할 때 볼 수 있다. 사용할 수 있는 모델이 너무 많아 모두의 비율이 약간 다르게 보일 때 바이어스를 사용하면 모든 화면의 레이아웃을 멋지게 설계할 수 있다. 레이아웃 설계는 시간이 오래 걸리고, 720×1280 및 768×1280은 모양이 비슷하므로 같은 레이아웃으로 테스트할 때 원치 않는 결과가 발생할 수 있다. 이런 문제는 바이어스 속성을 사용해서 쉽게 해결할 수 있다. 이에 대해서는 나중에 레이아웃 미리 보기와 퍼센트 라이브러리를 살펴볼 때 더 자세히 살펴본다.

TIP 편집기의 디자인(Design), 텍스트(Text) 모드 간의 전환은 Alt + Shift + 왼쪽(←)나 오른쪽(→) 키를 사용해서 전환할 수 있다.

이 모든 것이 레이아웃 설계가 쉽지 않다는 것을 알려준다. 컨스트레인트 레이아웃에는 UI 설계를 자동화하는 매우 편리한 기능 두 가지가 있는데, 자동 연결$^{auto-connect}$과 추론^{inference}이다.

컨스트레인트 툴바

항상 최종 디자인 완성을 위해서 많은 시간을 사용하기 원할지라도 많은 개발 주기에서 새로운 아이디어를 실험하고 시도할 것이다. 따라서 개별 디자인을 가능한 한 빠르게 테스트하길 원하고, 그때 자동 연결과 추론이 필요하다. 자동 연결과 추론은 다른 유용한 도구를 포함하는 컨스트레인트 툴바에서 접근할 수 있고, 자세히 살펴볼 가치가 있다.

컨스트레인 툴바

툴바는 왼쪽에서 오른쪽으로 다음과 같이 구분된다.

- **컨스트레인트 보기(Show Constraints)** 선택한 컴포넌트 뿐 아니라 모든 컨스트레인을 보여준다.
- **자동 연결(Auto-connect)** 이 기능을 사용하면 새 뷰와 위젯은 위치에 따라 자동으로 컨스트레인트가 설정된다.
- **모든 컨스트레인트 삭제(Clear All Constraints)** 이름에서 알 수 있듯이 다시 시작하기 위한 원 클릭 솔루션이다. 모든 컨스트레인트를 삭제할 때 예상치 못한 문제가 발생할 수 있으므로 주의해서 사용해야 한다.

- **추론 컨스트레인트(Infer Constraints)**　레이아웃을 설계한 뒤에 추론 컨스트레인트를 적용한다. 자동 연결과 비슷한 방식으로 컨스트레인트를 자동으로 적용하지만, 한 번에 모든 뷰에 컨스트레인트를 적용한다.

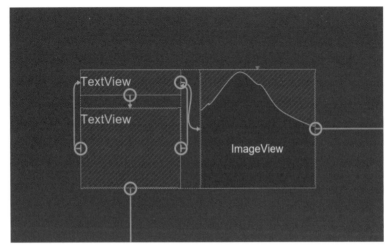

추론 과정

- **기본 여백(Default Margins)**　전체 레이아웃에 공백을 설정한다.
- **팩(Pack)**　선택한 항목에서 사용하는 영역을 균일하게 확장하거나 축소하는 데 도움을 주는 일련의 배포 패턴을 제공한다.
- **정렬(Align)**　이 드롭다운은 가장 일반적인 그룹 정렬 옵션을 제공한다.
- **가이드라인(Guidelines)**　가이드라인을 빠르게 추가한다.

자동 연결과 추론 모두 지능적이고 빠르게 컨스트레인트 레이아웃을 작성하는 방법을 제공한다. 그리고 아이디어를 테스트하기에 멋진 도구지만 아직은 완벽하지 않다. 자동 연결과 추론 모두 제약 레이아웃을 구현하는 지능적이고 빠른 방법을 제공한다. 이런 자동화는 대개 삭제가 필요한 불필요한 컨스트레인트를 포함한다. 이 기술을 사용한 뒤에 XML을 확인하면 많지는 않지만 일부 값이 하드 코딩돼 있는 것을 알 수 있다.

이 절에서 봤듯이 안드로이드 스튜디오와 ConstraintLayout은 아주 잘 어울린다. 선형이나 상대 레이아웃 전부를 컨스트레인트 레이아웃으로 바꿔야 한다는 것은 아니다. 단순 목록의 경우에는 선형 레이아웃이 가장 효율적이다. 두세 개의 자식 뷰만 있는 경우에는 상대 레이아웃이 가장 효율적이다.

ConstraintLayout 클래스에는 여전히 배포 체인distribution chaining과 런타임 컨스트레인트 변경runtime constraint modification 같은 주제가 많다. 책 전반에 걸쳐 UI를 종종 살펴보겠지만, 이제는 안드로이드 스튜디오의 특별하고 강력한 도구인 기기 미리 보기 및 에뮬레이션에 대해 살펴본다.

▌ 다중 화면 미리 보기

안드로이드 개발자가 직면한 가장 흥미로운 도전 중 하나는 사용 중인 기기가 너무 다양하다는 점이다. 손목시계부터 화면이 큰 TV까지 아주 다양하다. 모든 기기를 대상으로 한 앱을 개발하는 것은 매우 드문 일이지만, 모든 휴대폰에 대한 레이아웃을 개발하는 것도 여전히 어려운 작업이다.

다행히 SDK가 화면의 모양, 크기 및 밀도와 같은 기능을 더 광범위한 그룹으로 분류할 수 있게 도와준다. 안드로이드 스튜디오는 복잡한 미리 보기 시스템의 형태로 또 다른 강력한 UI 개발 도구를 추가한다. 이 도구를 사용해서 많이 사용하는 기기 구성을 미리 보기 할 수 있고, 더불어 사용자 정의 구성을 만들 수도 있다.

앞 절에서 ConstraintLayout 툴바를 살펴봤지만, 더 포괄적인 디자인 편집기 툴바가 있다는 것도 알아두자.

디자인 편집기 툴바

에디터 툴바와 같은 대부분 도구는 설명이 필요 없고, 이런 많은 도구를 사용할 것이다. 그러나 안드로이드 스튜디오를 처음 사용한다면 한두 가지 도구는 자세히 살펴볼 필요가 있다.

지금까지 가장 유용한 도구 중 하나는 앞에서 Nexus 4로 보이는 편집기의 기기다. 이 도구는 프로젝트를 컴파일할 필요 없이 레이아웃을 여러 기기에서 미리 볼 수 있다. 드롭다운은 만들었을 수 있는 AVD의 일반적이고 실제 프로파일의 선택과 디바이스 정의를 추가할 수 있는 옵션 목록을 제공한다. 이제 옵션에 대해 살펴보자.

하드웨어 프로파일

편집기 위의 기기 드롭다운에서 Add Device Definition...을 선택해서 AVD 관리자를 연다. 새 하드웨어 프로파일을 만들려면 Create Virtual Device... 버튼을 클릭한다. 하드웨어 선택 대화상자를 사용하면 이전 드롭다운에 나열된 기기 프로파일 모두와 사용자 정의로 작성하거나 가져오는 옵션으로 하드웨어를 설치하고 편집할 수 있다.

 AVD 관리자는 user\AppData\Local\Android\sdk\에서 독립적으로 실행할 수 있다. 독립형 AVD 관리자는 안드로이드 스튜디오를 실행할 필요 없이 성능이 낮은 머신에서 AVD를 시작할 때 유용하다.

대개 기존 정의된 프로파일을 사용해서 필요한 것만 수정하는 게 더 쉽다. 그러나 어떻게 동작하는지 자세히 알기 위해 여기에서는 하드웨어 선택 대화상자에서 New Hardware Profile 버튼을 클릭해서 처음부터 새로 만들 것이다. 이제 하드웨어 프로파일 구성 대화상자가 열리고, 카메라 및 센서와 같은 하드웨어 에뮬레이터를 선택할 수 있고, 내/외부 저장소 옵션도 선택할 수 있다.

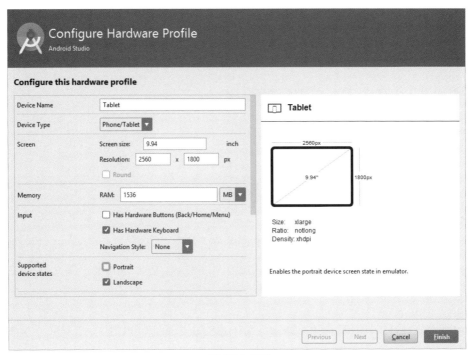
하드웨어 구성

프로파일을 만들고 Finish 버튼을 클릭하면 만들어진 프로파일이 목록에 추가된 하드
웨어 선택 화면으로 돌아간다. 그러나 다음 주제로 넘어가기 전에 저장소 하드웨어를
에뮬레이트하는 방법을 간단히 살펴본다.

가상 저장소

개별 프로파일은 외부 저장소를 에뮬레이트하기 위해 SD 카드 디스크 이미지를 포함
하고, 이것은 분명히 유용한 기능이다. 그러나 SD 카드를 제거하고 다른 기기와 공유
할 수 있다면 훨씬 더 유용할 것이다. 다행히 안드로이드 스튜디오에는 책 전반에
걸쳐 마주하게 될 매우 편리한 커맨드라인 도구를 제공한다. 여기에서 연관된 커맨드
라인 도구는 mksdcard다.

mksdcard 실행 파일은 sdk/tools/에서 확인할 수 있고 가상 SD 카드를 만드는 명령은 다음과 같다.

```
mksdcard <label> <size> <file name>
```

예는 다음과 같다.

```
mksdcard -l sharedSdCard 1024M sharedSdCard.img
```

다양한 가상 기기에서 앱을 테스트할 때 외부 메모리를 공유할 수 있어 시간을 절약할 수 있다. 그리고 이미지를 실제 SD 카드에 저장할 수 있어 휴대성을 높이고 하드 드라이브의 부하를 줄일 수 있다.

이제 프로파일을 시스템 이미지와 결합해서 AVD를 만들 준비가 됐다. 그러나 어떻게 결합하는지 더 자세히 살펴보기 위해 내보내기 한다. 이 파일은 XML 파일로 저장되고 하드웨어 선택 화면의 메인 테이블에서 프로파일의 오른쪽 버튼을 클릭해 저장할 수 있다. XML 파일은 네트워크로 기기를 공유하는 편리한 방법인 동시에 편집이 아주 쉽고 간단하다.

구성 자체가 아주 길 수 있으므로, 다음 코드가 이해를 도울 수 있는 예제 노드다.

```
<d:screen>
    <d:screen-size>xlarge</d:screen-size>
    <d:diagonal-length>9.94</d:diagonal-length>
    <d:pixel-density>xhdpi</d:pixel-density>
    <d:screen-ratio>notlong</d:screen-ratio>
    <d:dimensions>
        <d:x-dimension>2560</d:x-dimension>
        <d:y-dimension>1800</d:y-dimension>
    </d:dimensions>
```

```
    <d:xdpi>314.84</d:xdpi>
    <d:ydpi>314.84</d:ydpi>
    <d:touch>
        <d:multitouch>jazz-hands</d:multitouch>
        <d:mechanism>finger</d:mechanism>
        <d:screen-type>capacitive</d:screen-type>
    </d:touch>
 </d:screen>
```

여기에서 화면을 정의하는 방법을 살펴보면 여러 기기를 대상으로 개발할 때 고려해야 하는 기능과 정의에 대한 유용한 기회를 제공한다.

우리의 프로파일이 실제로 동작하는지 살펴보기 위해 시스템 이미지에 연결하고, 에뮬레이터에서 실행해야 한다. 프로파일을 선택하고 Next를 클릭하면 된다.

 앱을 더 철저하게 테스트하려면 일반적으로 앱을 게시할 개별 API 수준, 화면 밀도 및 하드웨어 구성에 맞는 AVD를 만드는 것이 가장 좋다.

이미지를 선택하고 하드웨어 프로파일을 수정해서 AVD를 만들 수 있다.

안드로이드 AVD

최신 모바일 기기를 에뮬레이션하는 것은 고성능의 컴퓨터에서 HAXM 하드웨어 가속을 사용하더라도 느린 작업이다. 인스턴트 런Instant Run을 추가해서 속도가 매우 빨라졌더라도 여전히 느리다. 지니모션Genomeotion 외에는 다른 대안이 거의 없다. 지니모션은 더 빠른 가상 기기를 제공하고, 기존 에뮬레이터가 제공하지 않는 몇 가지 기능도 제공한다. 이 기능은 드래그앤드롭 설치, 런타임 창 크기 조절, 작업 네트워크 연결 및 원 클릭 모의 위치 설정 등을 포함한다. 유일한 단점은 안드로이드 웨어Android Wear, TV, 오토Auto 시스템 이미지가 없고, 개인 용도에만 무료다.

이 절에서는 다양한 폼 팩터에서 레이아웃을 미리 보는 방법과 대상 기기의 사양과 일치하는 가상 기기를 만드는 방법을 살펴봤다. 그러나 이것은 일부에 불과하다. 3장에서는 모든 대상 기기에 대한 레이아웃 파일을 작성하는 방법을 살펴본다.

▌ 요약

2장에서는 인터페이스 개발의 기본에 대해 살펴봤다. 주로 다양한 레이아웃을 사용하고 이해하는 내용이다. 2장의 많은 부분은 뷰 그룹 중에서 가장 유연하고 최신의 뷰 그룹인 컨스트레인트 레이아웃에 집중했고, 안드로이드 스튜디오에서 직관적인 비주얼 도구로 완벽하게 지원한다.

2장은 사용자 정의 하드웨어 프로파일을 사용한 에뮬레이터에서 완성한 레이아웃을 살펴보고 끝냈다.

3장에서는 레이아웃을 더 자세히 살펴보고, 코디네이터 레이아웃^{coordinator layout}을 사용해서 코딩을 별로 하지 않고도 몇 개의 자식 컴포넌트를 조정하는 방법을 살펴본다.

03

UI 개발

2장에서는 안드로이드 스튜디오가 제공하는 아주 유용한 도구를 사용해서 빠르고 간단하게 레이아웃 설계 방법을 살펴봤다. 그러나 정적 UI 설계만 고려했다. 정적 UI 설계가 필수적인 첫 번째 단계지만, 인터페이스는 동적일 수 있고 동적이어야 한다. 머티리얼 디자인 가이드라인에 따라 버튼을 탭하면 리플 애니메이션^{ripple animations}이 보이는 것처럼 사용자 상호작용은 수행한 동작을 직관적으로 보여주기 위해 움직임과 색을 이용해서 그래픽으로 보여줘야 한다.

동적 인터페이스 동작 방법을 보려면 간단하지만 동작하는 적당한 예제 앱을 살펴봐야 한다. 그러나 먼저 우리가 원하는 룩앤필^{look and feel}, 안드로이드 사용자가 기대하는 룩앤필을 적용하는 한두 가지 방법을 검토한다. 이 과정에서 주로 지원 라이브러리, 특히 AppCompat과 디자인 라이브러리를 사용한다.

3장에서는 안드로이드 스튜디오에서 머티리얼 기반 비주얼 테마 편집기^{visual theme editor}와 디자인 지원 라이브러리를 사용해서 머티리얼 디자인을 구현하는 방법을 살펴보면서 시작한다.

3장에서 다루는 내용은 다음과 같다.

- 머티리얼 스타일과 테마 만들기
- XML 폰트 사용
- XML 폰트 패밀리 만들기
- 기본 코드 완성 가능 사용
- 코디네이터 레이아웃^{coordinator layout} 적용
- 디자인 컴포넌트 조정
- 콜랩스 앱바^{collapsing app bar} 만들기
- 원본 리소스 배포
- 퍼센트 지원 라이브러리 사용

2장에서 디자인 편집기를 사용해서 컨스트레인트 레이아웃 화면 요소의 크기를 변경하고 이동할 때 특정 면에 뷰를 붙이려는 경향이 있었다. 특정 면은 머티리얼 디자인 가이드라인에 따라 선택한다. 머티리얼은 구글이 가이드를 정하고 이동 및 위치를 사용해서 상호작용 과정을 사용자 인터페이스로 정리하기 위해 전통적인 디자인과 애니메이션 기술을 기반으로 하는 디자인 언어다.

▌ 머티리얼 디자인

머티리얼 디자인이 꼭 필요하지는 않다. 자체 디자인을 사용하는 게임과 같이 전체 화면을 사용하는 앱을 개발하는 경우에는 머티리얼 디자인을 무시할 수 있다. 그렇지만 머티리얼 디자인은 우아한 디자인 패러다임이고, 널리 사용하고 있다.

머티리얼을 구현하는 한 가지 이유는 지원 라이브러리를 사용해서 쉽게 적용할 수 있는 카드 뷰^{card views}와 슬라이딩 드로어^{sliding drawers} 같은 기능이 많기 때문이다.

첫 번째 설계 결정은 앱에 적용하는 색 구성표^{color scheme}나 테마다. 테마의 음영과 대비에 대한 한두 개의 가이드라인이 있다. 다행히 안드로이드 스튜디오의 테마 편집기^{Theme Editor}를 사용해서 머티리얼 테마를 아주 간단하게 만들 수 있다.

안드로이드 스타일

배경색, 텍스트 크기, 높이^{elevation}와 같은 그래픽 속성은 개별 UI 컴포넌트에 설정할 수 있다. 속성 그룹을 스타일로 만드는 것은 종종 의미가 있다. 안드로이드는 스타일을 values 디렉터리의 styles.xml 파일에 XML 형태로 저장한다. 예를 들면 다음과 같다.

```xml
<?xml version="1.0" encoding="utf-8"?>
<resources>
    <style name="TextStyle" parent="TextAppearance.AppCompat">
        <item name="android:textColor">#8000</item>
        <item name="android:textSize">48sp</item>
    </style>
</resources>
```

스타일은 다음과 같이 개별 속성을 설정하지 않고도 뷰나 위젯에 간단하게 적용할 수 있다.

```xml
<TextView
  . . .
  android:textAppearance="@style/TextStyle"
  . . . />
```

속성을 전부 새로 만들어서 스타일을 만들 수 있지만, 기존 스타일을 사용해 원하는 속성만 수정하는 것이 훨씬 실용적이다. 앞의 예제에서 살펴봤던 부모 속성parent property을 설정하면 된다.

또한 자체 스타일과 부모 속성을 설정하지 않고도 상속받을 수 있다. 예를 들면 다음과 같다.

```
<style name="TextStyle.Face">
   <item name="android:typeface">monospace</item>
</style>
```

앞에서 새 리소스 파일을 만들었지만, 기존 styles.xml 파일에 새 <style> 노드를 쉽게 추가할 수 있다.

안드로이드 스튜디오를 처음 사용하는 경우에는 다음 스크린샷과 같이 코드를 입력하는 순간에 코드 완성 드롭다운code completion drop-downs을 봤을 것이다.

코드 완성

코드 완성 기능은 매우 유용한 도구로 나중에 자세히 살펴본다. 우선 간단히 요약하면 다음과 같이 3단계로 코드를 완성한다는 점을 알면 유용하다.

76

- **기본(Basic)** Ctrl + Space, 다음에 나올 가능성이 높은 단어를 보여준다.
- **스마트(Smart)** Ctrl + Shift + Space, 상황에 맞게[Context-sensitive] 제안한다.
- **문장(Statement)** Ctrl + Shift + Enter, 문장 전체를 완성한다.

 기본 코드 완성 기능과 스마트 코드 완성 기능을 두 번 연속 호출하면 제안 범위가 넓어진다.

스타일을 만들고 적용하는 것은 추가로 코딩하지 않고도 앱 모양을 세밀하게 조정할 수 있는 좋은 방법이지만 전체 앱의 룩앤필을 적용하려는 경우가 있고, 이 경우에 테마를 사용한다.

머티리얼 테마

앱 전체 테마를 만들 때 상반된 두 가지 목표가 있다. 하나는 다른 앱과의 차별화로 쉽게 눈에 띄기를 원한다. 그리고 다른 하나는 안드로이드 사용자 기대에 부응해서 사용하기 쉽고 익숙한 컴포넌트를 사용하길 원한다. 테마 편집기[Theme Editor]는 개성과 익숙함과의 타협이다.

가장 간단하게 머티리얼 테마는 2~3가지 색으로 앱 전체에 적용해서 일관된 느낌을 주고, 이것이 테마를 사용하는 가장 주요한 장점이다. 강조색[Accent color]은 체크박스나 텍스트 강조 표시하는 데 사용하며, 일반적으로 눈에 띄는 색을 선택한다. 반면에 안드로이드 초기 버전과 다르게 주색[Primary color]들은 툴바와 상태표시줄, 그리고 내비게이션 바에 적용된다. 예를 들면 다음과 같다.

```
<color name="colorPrimary">#ffc107</color>
<color name="colorPrimaryDark">#ffa000</color>
<color name="colorAccent">#80d8ff</color>
```

앞의 코드로 앱이 실행 중인 경우에 전체 화면의 색 구성을 제어할 수 있으므로 네이티브 컨트롤과의 부조화를 피할 수 있다.

색을 선택하는 일반적인 방법은 기본 값으로 같은 색에 두 개의 음영을 선택하고, 강조색은 대조적이고 보색을 선택한다. 구글에는 어떤 색과 어느 정도의 음영을 사용해야 하는지에 대해 좀 더 명확한 설명이나, 어떤 색이 다른 색과 잘 대조되는지 결정하는 엄격하고 신속한 규칙이 없다. 유용한 몇 개의 가이드라인이 있지만, 먼저 구글 머티리얼 팔레트material palette를 살펴보자.

테마 편집기

구글은 안드로이드 앱과 머티리얼 디자인 웹 페이지에서 사용할 수 있는 일련의 20가지 색을 미리 정의했다. 다음 예에서 볼 수 있듯이 개별 색은 10개의 음영을 가진다.

머티리얼 팔레트

다운로드할 수 있는 견본^{swatches}과 함께 전체 팔레트는 material.io/guidelines/style/color.html#color-color-palette에서 확인할 수 있다.

머티리얼 가이드라인은 주색^{primary color}과 어두운 주색^{dark primary color}에 500과 700의 음영을 사용하고, 강조색은 100을 사용하게 권장한다. 다행히 유용한 도구들이 있으므로 이 숫자에 대해 지나치게 걱정할 필요는 없다.

가장 유용한 도구는 테마 편집기^{Theme Editor}다. 테마 편집기는 그래픽 편집기로 메인 메뉴의 Tools ❯ Android ❯ Theme Editor 메뉴로 열 수 있다.

테마 편집기는 두 부분으로 구분돼 있다. 오른쪽은 색 속성 목록이 있고, 왼쪽은 색 목록에서 선택한 색이 다양한 인터페이스 컴포넌트에 미치는 영향을 보여주는 창이 있어서 편리하게 미리 볼 수 있게 하고, 모든 조합을 빠르고 직관적으로 시도할 수 있게 한다.

알 수 있듯이 주색 두 개와 강조색 한 개보다는 많다. 실제로 어두운 테마와 밝은 테마에 대한 대안에 더불어 텍스트와 배경색을 포함해서 12가지가 있다. 이 색의 모음은 기본적으로 styles.xml 파일에 선언한 테마의 부모 색으로 설정한다.

사용자 정의 머티리얼 테마를 빠르게 설정하기 위해서는 다음 과정을 따른다.

1. 새 프로젝트를 시작하거나 테마를 적용하려는 프로젝트를 연다.
2. Tools ❯ Android 메뉴에서 테마 편집기를 연다.
3. colorPrimary 필드 왼쪽의 단색 영역을 클릭한다.

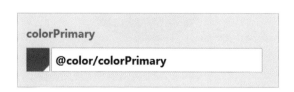

4. 리소스^{Resources} 대화상자의 오른쪽 아래에서 색을 선택하고 OK를 선택한다.

5. **colorPrimaryDark**에 대한 대화상자를 열고 오른쪽 아래에 있는 색 선택 옵션의 유일한 항목을 선택한다. 이 색의 음영 값은 700이다.

6. **강조색**^{accentColor} 속성을 선택하고, 제안한 색 중 하나를 선택한다.

앞에서 선택한 색은 편집기 왼쪽에 있는 미리 보기 창과 레이아웃 편집기에서 바로 확인할 수 있다.

알 수 있듯이 색을 직접 정의하지 않고 values/colors.xml 파일에 지정한 값을 참조한다.

테마 편집기가 적당한 색을 제안해서 머티리얼 테마를 만드는 데 도움을 주고, 더불어 직접 색을 선택해서 테마를 만들 때도 도움이 된다. **리소스 선택**^{Select Resource} 창에서 색상표의 아무 곳이나 클릭하면 가장 비슷한 머티리얼 색을 선택하라는 메시지를 보여준다.

강조색에 어울리는 색을 선택할 때 여러 이견이 있다. 색 이론^{color theory}에 따르면 다음 그림과 같이 컬러 휠^{color wheel}을 사용해서 색과 잘 어울리는 보색을 만드는 여러 가지 방법이 있다.

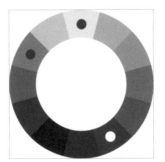

잘 어울리는 보색을 보여주는 RYB 컬러 휠

잘 어울리는 색을 계산하는 가장 간단한 방법은 컬러 휠에서 선택한 색의 반대에 있는 색을 선택하는 것이다(정보색^{direct complement}으로 알려진). 그러나 직접 보색은 예술적 관점을 가진 사람들에게 명백하지만 부족한 면이 약간 있기 때문에 약보색^{split complement}

이라는 방법을 더 선호한다. 약보색은 앞에서 봤듯이 정보색과 가장 비슷한 색을 선택하는 것이다.

테마 편집기에서 강조색을 선택할 때 색 선택기 아래에 여러 개의 약보색을 제안한다. 그러나 비슷한 색을 제안하기도 한다. 비슷한 색은 원래 색상에 가깝고 보기에 좋을 수도 있지만, 대조가 덜하고 사용자가 중요한 힌트를 놓칠 수 있기에 좋은 선택이 아니다.

 IDE 자체에도 머티리얼 테마를 적용할 수 있는 아주 좋은 젯브레인(JetBrains) 플러그인이 있고, 이 플러그인은 다음 주소에서 확인할 수 있다.

plugins.jetbrains.com/androidstudio/plugin/8006-material-theme-ui

앞에서 살펴봤듯이 테마 편집기는 머티리얼 테마를 만드는 데 아주 유용하다. 그리고 클릭 몇 번으로 머티리얼 테마를 XML 파일로 만들어주는 온라인 도구도 늘어나고 있다. 머티리얼업MaterialUps은 www.materialpalette.com에서 확인할 수 있다.

머티리얼업에서 만든 테마는 다음과 같은 colors.xml 파일을 만들 것이다.

```xml
<?xml version="1.0" encoding="utf-8"?>
<resources>
    <color name="primary">#673AB7</color>
    <color name="primary_dark">#512DA8</color>
    <color name="primary_light">#D1C4E9</color>
    <color name="accent">#FFEB3B</color>
    <color name="primary_text">#212121</color>
    <color name="secondary_text">#757575</color>
    <color name="icons">#FFFFFF</color>
    <color name="divider">#BDBDBD</color>
</resources>
```

처음에는 테마 속성을 빠르게 선택하는 것처럼 보이지만, 텍스트 색이 회색 음영이라는 것을 알 수 있다. 머티리얼 디자인 가이드라인에 따르면 텍스트의 음영은 알파 채널alpha channel을 사용해야 한다. 텍스트가 일반 배경 위에 있을 때는 차이가 없지만, 이미지 위에 회색 음영의 텍스트가 있다면 다음 이미지에서 볼 수 있듯이 밝은 음영에서는 텍스트를 읽기가 어렵다.

회색 톤 vs 투명

안드로이드 테마를 사용하면 색으로 앱의 모습을 정의하게 하지만, 텍스트 색을 정의하는 것보다 더 많은 기능을 원할 것이다. 다른 자원과 비슷한 방법으로 폰트font를 포함하는 기능은 최근에 추가됐고 아주 유용하다.

XML 폰트

API 수준 26부터 res 디렉터리의 XML 리소스로 폰트를 프로젝트에 포함시킬 수 있다. 이 기능은 앱에서 사용자 폰트 사용을 간단화하고, 다른 리소스 관리와 함께 일원화한다.

다음 예에서 보듯이 폰트를 XML로 추가하는 것은 아주 간단하다.

1. res 디렉터리에서 마우스 우측 버튼을 클릭해서 New ❯ Android resource directory를 선택한다.
2. 리소스 유형Resource type 드롭다운에서 폰트를 선택하고 OK를 클릭한다.

3. 새로 만든 폰트 폴더에서 마우스 오른쪽 버튼을 클릭하고, 탐색기에서 보기^{Show in Explorer}를 선택한다.

4. 사용할 수 있는 문자만으로 폰트 이름을 변경한다. 예를 들어 TimesNewRoman. ttf는 times_new_roman.ttf로 변경한다.

5. 선택한 폰트를 폰트 디렉터리에 위치시킨다.

6. 이제 편집기에서 직접 미리 볼 수 있다.

XML 폰트

레이아웃에서 XML 폰트를 사용하는 것이 리소스로 폰트를 추가한 것보다 훨씬 간단하다. 다음과 같이 간단하게 fontFamily 속성을 사용한다.

```
<TextView
  . . .
  android:fontFamily="@font/just_another_hand"
  . . . />
```

폰트로 작업할 때는 일반적으로 굵은 폰트나 기울임 폰트 텍스트를 사용해서 단어를 강조한다. 단어 강조 등에 개별 폰트를 준비하는 대신에 폰트 그룹이나 폰트 패밀리를 참조하는 방법이 더 편리하다. 폰트 디렉터리에서 마우스 오른쪽 버튼을 클릭하고 New ❯ Font resource file을 선택한다. 이 작업은 빈 폰트 패밀리를 만들고, 다음과 같은 코드로 작성할 수 있다.

```xml
<?xml version="1.0" encoding="utf-8"?>
<font-family xmlns:android="http://schemas.android.com/apk/res/android">
    <font
        android:fontStyle="bold"
        android:fontWeight="400"
        android:font="@font/some_font_bold" />

    <font
        android:fontStyle="italic"
        android:fontWeight="400"
        android:font="@font/some_font_italic" />

</font-family>
```

물론 디자인 언어^{design language}에는 어울리는 색과 폰트를 선택하는 것보다 더 많은 것들이 있다. 간격과 비율, 그리고 특별히 설계한 화면 컴포넌트에 대한 가이드가 있다. 머티리얼의 경우 컴포넌트는 FAB 및 슬라이딩 드로어^{sliding drawers} 같은 위젯과 레이아웃의 형태다. 이 컴포넌트는 기본 SDK의 일부가 아니라 디자인 지원 라이브러리^{design support library}에 포함돼 있다.

▌ 디자인 라이브러리

언급했듯이 디자인 라이브러리는 머티리얼 앱에서 자주 사용하는 위젯과 뷰를 제공한다.

알 수 있듯이 디자인 라이브러리도 다른 지원 라이브러리와 마찬가지로 build.gradle 파일에 의존 라이브러리로 포함해야 한다.

```
dependencies {
    compile fileTree(include: ['*.jar'], dir: 'libs')
```

```
androidTestCompile('com.android.support.test.espresso:
        espresso-core:2.2.2', {
    exclude group: 'com.android.support', module: 'support-annotations'
})
compile 'com.android.support:appcompat-v7:25.1.1'
testCompile 'junit:junit:4.12'
compile 'com.android.support:design:25.1.1'
}
```

동작하는 방법을 이해하는 것이 항상 유용하지만, 프로젝트 의존 라이브러리로 지원 라이브러리를 추가하는 가장 좋은 방법이 있다. 파일 메뉴에서 **프로젝트 구조**^{Project}

^{Structure} 대화상자를 열고, 모듈을 선택한 뒤에 **의존성**^{Dependencies} 탭을 선택한다.

프로젝트 구조 대화상자(project structure dialog)

오른쪽 위에 있는 추가(+) 아이콘을 클릭하고, 라이브러리 드롭다운 메뉴에서 **의존 라이브러리**^{Library dependency}를 선택할 수 있다.

 TIP 프로젝트 구조 대화상자에서 Ctrl + Alt + Shift + S 키를 사용해 열 수 있다.

이 방법은 두 가지 장점이 있다. 첫 번째는 IDE가 자동으로 프로젝트를 다시 빌드한다는 것이고, 두 번째는 항상 최신 버전을 가져온다는 것이다.

많은 개발자가 compile 'com.android.support:design:25.1.+'와 같이 플러스 기호를 사용해서 다음 버전의 사용을 대비한다. 그러나 이 방법이 항상 제대로 동작한다고 보장할 수 없고, 충돌날 수도 있다. 자주 배포를 하더라도 라이브러리 버전은 수동으로 유지하는 것이 좋다.

디자인 라이브러리를 추가하는 것뿐 아니라 머티리얼 앱을 개발한다면 CardView와 RecyclerView 라이브러리가 필요할 것이다.

IDE에서 가장 좋은 방법은 실제 예를 만드는 것이다. 여기에서 간단한 날씨 앱을 만들 것이다. 복잡하지 않지만 앱 개발의 개별 단계를 거치면서 머티리얼 디자인 가이드라인을 따를 것이다.

코디네이터 레이아웃

디자인 라이브러리는 레이아웃 클래스를 세 가지 제공한다. 테이블 액티비티 tabular activities와 툴바를 설계하기 위한 것이 있다. 그러나 가장 중요한 레이아웃은 CoordinatorLayout이다. CoordinatorLayout은 사용자가 목록을 위쪽으로 스크롤할 때 헤더를 확장하거나 스낵바가 보일 때 FAB가 위로 밀어내는 것과 같이 자동으로 머티리얼 동작을 수행하는 머티리얼-인식material-aware 컨테이너처럼 동작한다.

코디네이터 레이아웃은 액티비티의 루트 레이아웃으로 위치해야 하고, 일반적으로 다음과 같다.

```
<android.support.design.widget.CoordinatorLayout
  xmlns:android="http://schemas.android.com/apk/res/android"
  android:id="@+id/coordinator_layout"
  android:layout_width="match_parent"
  android:layout_height="match_parent"
  android:fitsSystemWindows="true">
```

```
        . . .
</android.support.design.widget.CoordinatorLayout>
```

fitsSystemWindows 속성은 상태표시줄을 반투명하게 설정할 수 있도록 해서 특히
유용하다. 이 속성을 사용해서 시스템 색과의 불일치를 피하고, 상태표시줄을 감추지
않고도 자연스럽게 관리할 수 있다.

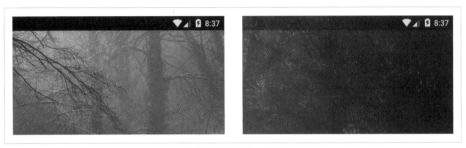

상태표시줄 뒤에 그리기

또한 상태표시줄 색을 할당하기 위해 colorPrimaryDark를 사용해서 fitsSystem
Windows와 자체 색을 결합할 수도 있다.

 내비게이션 바의 색은 navigationBarColor 속성으로 변경할 수 있지만, 소프트 내비
게이션 컨트롤(soft navigation controls)을 갖는 기기가 줄어들고 있어서 추천하지
않는다.

CoordinatorLayout은 중요한 한 가지를 제외하고는 FrameLayout과 아주 비슷하다.
코디네이터 레이아웃은 CoordinatorLayout.Behavior 클래스를 사용해서 자식 레이
아웃의 동작을 직접 제어할 수 있다. 제어 방법을 살펴보는 가장 좋은 방법은 예제를
살펴보는 것이다.

스낵바와 FAB

가장 눈에 띄는 머티리얼 위젯은 스낵바^{Snackbars}와 FAB^{Floating Action Button}다. 스낵바는 토스트^{toast} 위젯을 완전히 대체하지는 못하지만, 토스트와 마찬가지로 알림을 제공한다. 그리고 텍스트만이 아닌 미디어를 사용해서 더 정교한 액티비티 알림과 제어를 제공한다. FAB는 기존 버튼과 같은 기능을 수행하지만, 위치를 사용해서 기능을 보여준다.

레이아웃의 동작을 제어하는 코디네이터 레이아웃이 없다면 스낵바가 화면 아래에서 위로 올라오는 경우 뒤에 있는 뷰나 위젯이 가려진다. 잘 설계한 머티리얼 앱에서는 자연스럽게 위젯이 이동하는 것을 자주 볼 것이다. 다음 예제에서 위젯을 이동하는 방법을 살펴본다.

1. 안드로이드 스튜디오에서 새 프로젝트를 시작한다.
2. 다음과 같은 CoordinatorLayout으로 메인 액티비티의 루트 레이아웃을 교체한다.

```
<android.support.design.widget.CoordinatorLayout
    xmlns:android="http://schemas.android.com/apk/res/android"
    xmlns:app="http://schemas.android.com/apk/res-auto"
    android:id="@+id/coordinator_layout"
    android:layout_width="match_parent"
    android:layout_height="match_parent"
    android:fitsSystemWindows="true">
```

3. 다음과 같이 버튼을 추가한다.

```
<Button
    android:id="@+id/button"
    android:layout_width="wrap_content"
    android:layout_height="wrap_content"
```

```
    android:layout_gravity="top|start"
    android:layout_marginStart="@dimen/activity_horizontal_margin"
    android:layout_marginTop="@dimen/activity_vertical_margin"
    android:text="Download" />
```

4. 스낵바도 추가한다.

```
<android.support.design.widget.FloatingActionButton
    android:id="@+id/fab"
    android:layout_width="wrap_content"
    android:layout_height="wrap_content"
    android:layout_gravity="bottom|end"
    android:layout_marginBottom="@dimen/activity_vertical_margin"
    android:layout_marginEnd="@dimen/activity_horizontal_margin"
    app:srcCompat="@android:drawable/stat_sys_download" />
```

5. 메인 액티비티 자바 파일을 열고, 다음과 같이 클릭 리스너를 구현하기 위해서 클래스를 확장한다.

```
public class MainActivity
    extends AppCompatActivity
    implements View.OnClickListener
```

6. 이 코드에는 에러가 있어서 다음 그림과 같이 빨간 신호등(빠른 수정으로 알려진)을 보여줄 것이다.

```
import ...

public class MainActivity
        extends AppCompatActivity
        implements View.OnClickListener{
```

! Implement methods	
💡 Make 'MainActivity' abstract	
🦋 Add import for 'android.view.View.OnClickListener'	▶
🦋 Create Test	▶
🦋 Create subclass	▶
🦋 Insert App Indexing API Code	▶
🦋 Unimplement Interface	▶
🦋 Annotate interface 'OnClickListener' as @Deprecated	▶
🦋 Annotate interface 'OnClickListener' as @NonNull	▶
🦋 Annotate interface 'OnClickListener' as @Nullable	▶
🦋 Make package-local	▶

빠른 수정

7. Implement methods를 선택해서 OnClickListener를 추가한다.

8. 다음 필드도 추가한다.

```
private Button button;
private CoordinatorLayout coordinatorLayout;
```

9. onCreate( ) 메소드에서 다음과 같이 추가한 필드의 참조를 만든다.

```
coordinatorLayout=(CoordinatorLayout)
        findViewById(R.id.coordinator_layout);
button = (Button)findViewById(R.id.button);
```

10. 다음과 같이 버튼에 리스너를 연결한다.

```
button.setOnClickListener(this);
```

11. 다음 코드로 리스너 메소드를 작성한다.

```
@Override
public void onClick(View v) {
    Snackbar.make(coordinatorLayout, "Download complete",
            Snackbar.LENGTH_LONG).show();
}
```

이제 이 코드를 에뮬레이터나 실제 기기에서 테스트할 수 있다. 버튼을 클릭하면 일시적으로 FAB를 밀면서 스낵바가 잠시 보일 것이다.

스낵바는 앞에서 살펴본 것처럼 토스트와 똑같이 동작한다. 그러나 스낵바는 토스트 같은 뷰가 아니라 뷰 그룹이므로 레이아웃이 컨테이너로 동작한다. 스낵바의 동작 방법을 살펴보려면 앞의 리스너 메소드를 다음과 같은 코드로 교체한다.

```
@Override
public void onClick(View v) {
    Snackbar.make(coordinatorLayout, "Download complete",
            Snackbar.LENGTH_LONG)
            .setAction("Open", new View.OnClickListener() {
        @Override
        public void onClick(View v) {
            // 수행할 동작
        }
    }).show();
}
```

부모 코디네이터 레이아웃이 FAB가 스낵바를 방해하지 않게 자동으로 처리한다. 이 방법은 모든 디자인 라이브러리 위젯이나 뷰 그룹에 해당한다. 텍스트 뷰나 이미지 뷰 같은 기존 뷰를 포함하는 경우 자체 동작을 정의하는 방법을 간단하게 살펴보자. 디자인 컴포넌트의 동작을 사용자 정의할 수도 있지만, 먼저 다른 디자인 컴포넌트를 살펴본다.

▌ 콜랩스 앱바

많이 사용하는 또 다른 머티리얼 디자인 기능은 콜랩스 툴바collapsing toolbar다. 일반적으로 콜랩스 툴바는 연관 이미지와 제목을 포함한다. 콜랩스 툴바는 사용자가 콘텐츠를 위로 스크롤할 때 화면의 많은 부분을 채울 것이고, 콘텐츠를 더 보기 위해 아래로 스크롤하면 자연스럽게 내려온다. 콜랩스 앱바app bar는 앱을 알릴 기회와 앱이 시각적으로 눈에 띄는 기회를 제공하지만, 귀중한 화면 영역을 많이 사용하지 않게 해야 한다.

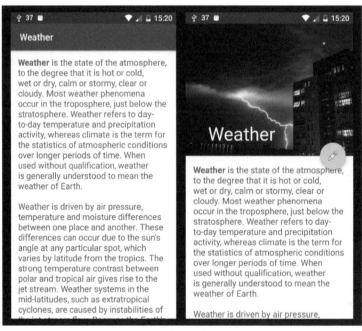

콜랩스 앱바

콜랩스 앱바를 구성하는 방법을 확인하는 가장 좋은 방법은 XML 코드를 살펴보는 것이다. 콜랩스 앱바를 다시 만들기 위해 다음 과정을 따른다.

1. 새 안드로이드 프로젝트를 시작하고, 다음 레이아웃을 만들 것이다.

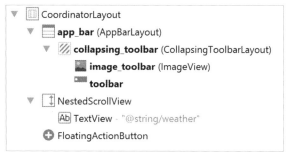

프로젝트 컴포넌트 트리

2. 먼저 styles.xml을 연다.

3. 다음 코드와 같이 부모 테마에 액션 바[action bar]가 없는 것을 확인한다.

```
<style name="AppTheme"
    parent="Theme.AppCompat.Light.NoActionBar">
```

4. 상태표시줄을 투명하게 하려면 다음과 같은 코드를 추가한다.

```
<item name="android:windowTranslucentStatus">true</item>
```

5. 앞에서와 같이 CoordinatorLayout을 루트로 하는 레이아웃 파일을 만든다.

6. 다음과 같은 AppBarLayout를 중첩한다.

```
<android.support.design.widget.AppBarLayout
    android:id="@+id/app_bar"
    android:layout_width="match_parent"
    android:layout_height="300dp"
    android:fitsSystemWindows="true"
    android:theme="@style/ThemeOverlay.AppCompat.Dark.ActionBar">
```

7. AppBarLayout 안에 CollapsingToolbarLayout을 추가한다.

```
<android.support.design.widget.CollapsingToolbarLayout
    android:id="@+id/collapsing_toolbar"
    android:layout_width="match_parent"
    android:layout_height="match_parent"
    android:fitsSystemWindows="true"
    app:contentScrim="?attr/colorPrimary"
    app:expandedTitleMarginEnd="64dp"
    app:expandedTitleMarginStart="48dp"
     app:layout_scrollFlags="scroll|exitUntilCollapsed"
     app:>
```

8. CollapsingToolbarLayout 내부에 다음과 같은 두 위젯을 추가한다.

```
<ImageView
    android:id="@+id/image_toolbar"
    android:layout_width="match_parent"
    android:layout_height="match_parent"
    android:fitsSystemWindows="true"
    android:scaleType="centerCrop"
    app:layout_collapseMode="parallax"
    app:srcCompat="@drawable/some_image" />

<android.support.v7.widget.Toolbar
    android:id="@+id/toolbar"
    android:layout_width="match_parent"
    android:layout_height="?attr/actionBarSize"
    app:layout_collapseMode="pin"
    app:popupTheme="@style/ThemeOverlay.AppCompat.Light" />
```

9. AppBarLayout 아래에 NestedScrollView와 TextView를 위치시킨다.

```
<android.support.v4.widget.NestedScrollView
    android:layout_width="match_parent"
    android:layout_height="match_parent"
```

```
    app:layout_behavior="@string/appbar_scrolling_view_behavior">

    <TextView
        android:layout_width="match_parent"
        android:layout_height="wrap_content"
        android:padding="@dimen/activity_horizontal_margin"
        android:text="@string/some_string"
        android:textSize="16sp"/>
</android.support.v4.widget.NestedScrollView>
```

10. 마지막으로 FAB을 추가한다.

```
<android.support.design.widget.FloatingActionButton
    android:layout_width="wrap_content"
    android:layout_height="wrap_content"
    android:layout_margin="@dimen/activity_horizontal_margin"
    app:layout_anchor="@id/app_bar"
    app:layout_anchorGravity="bottom|end"
    app:srcCompat="@android:drawable/ic_menu_edit" />
```

이제 기기나 에뮬레이터에서 테스트하면 프로그래밍하지 않고도 툴바가 자동으로 축소되고 확장되는 것을 볼 수 있는데, 이것이 디자인 라이브러리의 묘미다. 디자인 라이브러리 없이 이런 동작을 코딩하는 것은 시간이 오래 걸리고 어려운 과정일 것이다.

앞의 XML 코드 대부분은 따로 설명이 필요 없지만, 한두 개를 눈여겨봐야 한다.

원본 텍스트 리소스

스크롤 동작을 설명하는 데 이전 텍스트 뷰에서 사용한 문자열은 길었다. 문자열은 strings.xml 파일에 있고, 이 방법은 완벽하게 동작하지만 긴 문자열을 관리하는 좋은 방법은 아니다. 긴 문자열은 런타임에 읽을 수 있게 텍스트 리소스 파일로 처리하면 더 좋다.

다음 과정은 텍스트 파일 리소스를 사용하는 방법을 보여준다.

1. 일반 텍스트 파일을 준비한다.
2. 프로젝트 탐색기의 res 폴더에서 마우스 우측 버튼을 클릭하고 New ❯ Directory를 선택해서 res 디렉터리에 raw 디렉터리를 만든다.
3. raw 디렉터리에 일반 텍스트 파일을 추가한다.

 프로젝트 탐색기 컨텍스트 메뉴에서 프로젝트 디렉터리를 빠르게 열 수 있다.

4. 텍스트 뷰를 갖는 자바 액티비티를 열고 다음과 같은 메소드를 추가한다.

```
private StringBuilder loadText(Context context) throws IOException {
    final Resources resources = this.getResources();
    InputStream stream = resources.openRawResource(R.raw.weather);
    BufferedReader reader = new BufferedReader(new
            InputStreamReader(stream));
    StringBuilder stringBuilder = new StringBuilder();
    String text;

    while ((text = reader.readLine()) != null) {
        stringBuilder.append(text);
    }

    reader.close();
    return stringBuilder;
}
```

5. 마지막으로 onCreate() 메소드에 다음과 같은 코드를 추가한다.

```
TextView textView = (TextView) findViewById(R.id.text_view);
StringBuilder builder = null;
```

```
try {
  builder = loadText(this);
} catch (IOException e) {
  e.printStackTrace();
}

textView.setText(builder);
```

앞의 예제에서의 다른 점은 확장한 툴바의 높이를 android:layout_height="300dp"
와 같이 하드 코딩했다는 점이다. 하드 코딩한 경우는 테스트 모델에서는 제대로 동작
하겠지만, 모든 화면에서 같은 효과를 보기 위해서는 대안 레이아웃이 많이 필요하다.
간단한 한 가지 해결책은 dimens-hdpi와 같이 간단히 복사해서 붙여 넣을 수 있는
dimens 폴더를 만들고 해당 값만 편집하는 것이다. 심지어 값만 갖는 개별 파일을
만들 수도 있다. 이 문제를 해결하는 또 다른 방법은 이런 환경을 위해 설계한 지원
라이브러리를 사용하는 것이다.

퍼센트 라이브러리

퍼센트 지원 라이브러리^{percent support library}는 PercentRelativeLayout과 PercentFrame
Layout이라는 두 개의 레이아웃 클래스를 제공한다. 다음과 같이 그래들 빌드 파일에
의존 라이브러리를 추가해야 한다.

```
compile 'com.android.support:percent:25.1.1'
```

앞 절의 레이아웃을 다시 만들려면 PercentRelativeLayout 안에 AppBarLayout을
위치시키면 된다. 그 후 다음 코드와 같이 앱바의 최대 높이를 퍼센트 값으로 설정
한다.

```
<android.support.percent.PercentRelativeLayout
    xmlns:android="http://schemas.android.com/apk/res/android"
    xmlns:app="http://schemas.android.com/apk/res-auto"
    android:layout_width="match_parent"
    android:layout_height="match_parent">

    <android.support.design.widget.AppBarLayout
        android:id="@+id/app_bar"
        android:layout_width="match_parent"
        android:layout_height="30%"
        android:fitsSystemWindows="true"
        android:theme="@style/ThemeOverlay.AppCompat.Dark.ActionBar">
        . . .
    </android.support.design.widget.AppBarLayout>

</android.support.percent.PercentRelativeLayout>
```

이 방법을 사용하면 항상 레이아웃을 두 개(가로, 세로) 이상 만들어야 하지만, 많은 기기에서 같은 효과를 보여주기 위해 대안 레이아웃을 많이 만들 필요가 없다.

같은 효과를 갖는 또 다른 효과적인 방법은 필요한 높이를 dp로 갖는 이미지 드로어블 ^{image drawables}을 만들고 XML의 레이아웃 높이를 wrap_content로 설정하는 것이다. 다음으로 할 일은 지정된 리소스 디렉터리에 사용할 이미지를 위치시키는 것이다.

앞에서 사용한 도구를 사용하면 머티리얼 인터페이스를 간단하고 직관적으로 설계할 수 있다. 그리고 사용자가 사용할 수 없는 다양한 기기를 위한 레이아웃을 준비하는 데 걸리는 시간을 줄이는 방법을 제공한다.

▌요약

3장에서는 2장의 작업을 기반으로 코디네이터 레이아웃과 콜랩스 툴바 자동화 및 위젯 겹침 방지와 같은 많은 작업을 수행하는 관련 라이브러리로 복잡한 레이아웃을 쉽게 만드는 방법을 살펴봤다.

다양한 화면 크기와 모양을 가진 기기를 대상으로 개발할 때 많은 설계 문제를 해결할 수 있는 또 다른 중요한 디자인 라이브러리인 퍼센트 라이브러리를 살펴보면서 3장을 마무리했다.

4장에서는 화면 회전, 웨어러블 개발 및 센서 읽기와 같은 인터페이스 개발을 위한 좀 더 동적인 요소를 살펴보면서 UI 개발을 확장한다.

04

기기 개발

안드로이드 스튜디오는 강력한 레이아웃 도구를 제공해서 사용자 인터페이스를 빠르고 쉽게 개발하고 실험할 수 있게 한다. 그러나 안드로이드 개발자가 직면한 가장 큰 도전은 앱을 실행할 수 있는 폼 팩터$^{form\ factors}$가 너무 많다는 점이다.

3장에서는 어떤 클래스(예를 들면 컨스트레인트 레이아웃과 퍼센트 라이브러리)가 균일하고 일관된 레이아웃을 설계하는 데 어떻게 도움을 주는지 살펴봤다. 그러나 이 기술은 일반적인 해결책을 제공하지만, 다양한 기기를 고려하지 않은 앱을 자주 발견한다. 약간의 지식과 노력으로 이런 설계 결함을 쉽게 해결할 수 있다.

4장에서 다루는 내용은 다음과 같다.

- 대안 레이아웃 파일 만들기

- 문자열 리소스 추출

- 화면 회전 관리

- 리소스 구성

- 웨어러블 UI 만들기

- 모양 인식[shape-aware] 레이아웃 만들기

- 센서 데이터 읽기

- 가상 센서 사용

- 안드로이드 스튜디오 템플릿 적용

- 디버그 필터 만들기

- 기기 모니터

사용자 기기에서 멋지게 보이는 UI를 개발하는 방법을 살펴보기 전에 마주하게 될 가장 중요한 레이아웃 환경인 화면의 세로, 가로 모드 회전에 대해 살펴볼 필요가 있다.

▌ 화면 방향

핸드폰과 태블릿용으로 설계한 안드로이드 앱 대부분은 가로, 세로 모드에서 동작하게 설계했고, 일반적으로 자동 전환된다. 비디오와 같은 동작은 가로 모드가 더 적합하지만, 목록의 경우에는 세로 모드가 더 적합하다. 그러나 화면의 방향을 고정한 액티비티가 일부 있거나, 심지어 앱 전체의 방향을 고정한 경우도 있다.

화면을 어떤 방향에서 보든지 둘 다 보기 좋은 레이아웃이 있지만, 대부분은 그렇지 않다. 대부분의 경우 각 방향에 대해 개별 레이아웃을 설계하길 원할 것이다. 안드로이드 스튜디오는 대안 레이아웃을 처음부터 개발하는 작업을 줄여서 레이아웃 개발을 간단화하고 개발 속도를 높여준다.

다음과 같이 간단한 레이아웃을 선택한다.

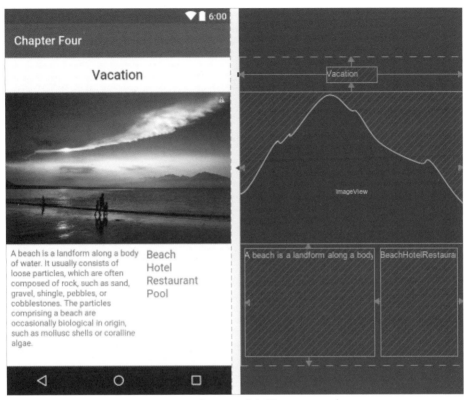

세로 모드 레이아웃

가로 모드 레이아웃은 다음과 같이 디자인 편집기 위쪽에 있는 레이아웃 변형 도구 Layout Variant tool에서 클릭 한 번으로 만들 수 있다.

레이아웃 변형 도구

이 예제를 다시 만들거나 동일한 사용자 정의 예제를 만든다면 화면이 회전할 때 레이아웃이 보기 안 좋다는 것을 알게 될 것이고, 화면 비율에 어울리게 뷰를 다시 위치해야 한다. 컨스트레인트 레이아웃으로 레이아웃을 만든다면 단점을 하나 발견할 것이고, 그 결과로 레이아웃이 엉망이 될 수 있다.

레이아웃을 다시 만드는 것은 개인의 예술적인 감각과 설계 기술에 따르지만, 안드로이드 스튜디오가 레이아웃 파일을 저장하고 보여주는 방식이 약간 혼란스러울 수 있다. 특히 레이아웃 파일을 관리하는 방법이 다른 이클립스 프로젝트를 안드로이드 스튜디오로 변환한 경우에 그렇다.

프로젝트 탐색기^{Project Explorer}에서 방금 만든 프로젝트를 열면 안드로이드^{Android} 보기에서 activity_main.xml(land)이라는 가로 모드 변형을 찾을 수 있다. 안드로이드 스튜디오가 다음 그림과 같이 보여주는 이유는 한곳에서 관리하는 것이 편하기 때문이다. 그러나 저장 방법은 아니다. 프로젝트 탐색기를 프로젝트 보기로 전환하면 다음과 같이 실제 파일 구조를 볼 수 있다.

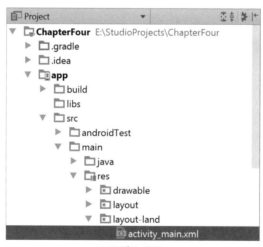

프로젝트 구조

또한 이 구조는 IDE 맨 위의 내비게이션에서도 확인할 수 있다.

이 방법으로 화면 모드별로 레이아웃을 만들고 두 모드별 레이아웃에 같은 ID를 사용하면 사용자가 기기를 회전할 때 두 화면 사이에 자동으로 애니메이션이 적용된다. 나중에 사용자 정의 애니메이션을 설정하는 방법을 살펴보겠지만, 사용자가 일관된 경험을 가질 수 있는 기본 애니메이션을 선택하는 것이 가장 좋다.

앞 예제를 다시 작성했다면 IDE가 문자열 리소스 제공 속도를 높이기 위해 수행하는 좋은 방법을 발견했을지도 모른다.

문자열을 하드 코딩하는 것은 강력하게 권장하지 않는다. 많은 프로그래밍 패러다임과 마찬가지로 안드로이드 개발도 데이터와 코드를 별도로 만들고 동작하게 설계했다. 하드 코딩한 문자열은 번역할 수 없다.

앞에서 빠른 수정$^{quick-fix}$ 기능이 메소드를 자동으로 구현하는 것을 살펴봤다. 여기에서는 strings.xml 파일을 열지 않고도 문자열 리소스를 만들 수 있다.

간단하게 레이아웃 파일에 문자열을 하드 코딩한 뒤에 빠른 수정 기능을 이용해 문자열 리소스로 추출한다.

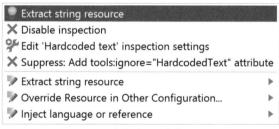

문자열 리소스 추출

레이아웃 편집기는 두 가지 변형인 가로 모드와 초대형$^{extra\ large}$ 모드를 제공하지만, 선택한 폼 팩터에 어울리는 자체 변형을 만들 수 있다.

이제 화면 회전과 같은 동적 요소를 추가하기 시작했고, 레이아웃 편집기로는 충분하지 않아서 기기나 에뮬레이터에서 앱을 실행해야 한다.

▌ 가상 기기

오랫동안 안드로이드 가상 기기^{AVD, Android Virtual Devices}는 많은 버그와 느린 속도로 악평이
자자했다. 하드웨어 가속을 도입해서 크게 개선했지만, 여전히 고성능 컴퓨터를 권장
하고 있다. 특히 동시에 두 개 이상의 가상 기기를 실행하는 경우에 그렇다.

안드로이드 에뮬레이션의 가장 큰 변화는 하드웨어의 가속보다 대안 에뮬레이터의
등장이다. 바로 살펴보겠지만, 일부 대안 에뮬레이터는 안드로이드 에뮬레이터에 비
해 뚜렷한 장점을 제공하지만, AVD가 실패한 것은 아니다. AVD가 가진 단점에도
불구하고 안드로이드 에뮬레이터는 가장 최신 개발자 버전을 포함해 모든 안드로이드
버전에서 실행할 수 있는 유일한 에뮬레이터다. 더불어 약간의 노력으로 사용자 정의
해서 가능한 한 모든 하드웨어와 소프트웨어를 구성할 수 있다.

개발 과정의 초기 단계에서는 아이디어를 빠르게 테스트할 수 있어야 한다. 그리고
실제 테스트 단계에서는 한두 개의 실제 기기를 사용하는 것이 아마도 가장 적당한
선택일 수 있다. 그러나 조만간 레이아웃이 가능한 모든 기기에서 잘 어울리는지 확인
해야 할 것이다.

레이아웃과 이미지 선택

여기에서 고려해야 하는 두 가지 문제가 있는데, 화면 밀도^{screen density}와 화면 비율^{aspect}
^{ratio}이다. 이전에 안드로이드 앱을 개발했다면 DPI와 화면 크기 그룹^{screen size groupings}을
알고 있을 것이다. 화면 크기 지정 폴더는 다양한 폼 팩터에 적합한 편리한 바로 가기
를 제공하지만, 자신의 기기에서 레이아웃이 제대로 보이지 않는 앱을 경험했을 것이
다. 개발자가 레이아웃 문제에 대한 노력으로, 이 문제는 완전히 해결할 수 있고, 결과
로 서비스 매출을 저해하는 낮은 평점을 피할 수 있다.

가능한 한 많은 폼 팩터에서 동작하는 앱을 만드는 것은 매우 매력적이고 안드로이드
스튜디오는 많은 폼 팩터 지원을 권장한다. 현실에서 기기를 언제 어디에서 사용하는

지 생각해야 한다. 버스를 기다리고 있다면 쉽게 시작해서 빨리 끝낼 수 있는 게임을 원할 수도 있다. 그리고 예외는 있겠지만 사람들은 긴 시간 동안 큰 화면에서 게임을 하지는 않는다. 올바른 플랫폼을 선택하는 것이 필수다. 이것은 직관적이지 않은 것처럼 들리지만 더 많은 수익을 올릴 수 있다고 가정하는 것보다 플랫폼을 제외하는 것이 더 현명한 방법이다.

이를 고려해서 핸드폰 및 태블릿용 앱 설계를 고려해보자. 화면 크기와 밀도 같이 익숙한 기능도 살펴볼 것이고, 기타 구성 문제를 해결하는 데 사용자 정의 리소스를 사용하는 방법도 살펴본다.

가장 일반적으로 사용하는 두 개의 리소스 지정은 화면 크기와 밀도다. 안드로이드는 다음과 같은 네 가지 크기 지정을 제공한다.

- **소형(layout-small) 레이아웃** 2~4인치, 320×420dp 또는 그 이상
- **보통(layout-normal) 레이아웃** 3~5인치, 320×480dp 또는 그 이상
- **대형(layout-large) 레이아웃** 4~7인치, 480×640dp 또는 그 이상
- **초대형(layout-xlarge) 레이아웃** 7~10인치, 720×960dp 또는 그 이상

 안드로이드 3.0(API 수준 11) 이전 버전을 대상으로 개발한다면 앞에서 제시한 범위에 있는 기기는 종종 잘못 분류된다. 이 문제를 해결하는 유일한 해결책은 개별 기기를 구성하거나 분류에 없는 기기에 대해 개발하지 않는 것이다.

일반적으로 앞의 개별 크기에 따라 레이아웃을 만들어야 한다.

밀도 독립 픽셀density-independent pixels(dp나 dip)을 사용한다는 것은 각 밀도 설정에 따라 새 레이아웃을 설계할 필요가 없다는 것이지만, 다음과 같은 밀도에 따라 별도의 드로어블drawable을 제공해야 한다.

- **drawable-ldpi** 120dpi

- **drawable-mdpi**   160dpi
- **drawable-hdpi**   240dpi
- **drawable-xhdpi**   320dpi
- **drawable-xxhdpi**   480dpi
- **drawable-xxxhdpi**   640dpi

이 목록의 dpi 값은 리소스가 필요로 하는 상대 크기를 픽셀 단위로 알려준다. 예를 들어 drawable-xhdpi 디렉터리의 비트맵은 drawable-mdpi 폴더에 있는 리소스보다 두 배 커야 한다.

모든 기기에서 정확히 같은 결과를 보는 것은 거의 불가능하고 바람직하지도 않다. 사람들은 멋진 이미지와 좋은 마감을 원해서 고급형 기기를 구입하고, 개발자는 높은 수준의 품질을 제공하게 노력해야 한다. 반면에 다른 사람들은 편리함과 예산의 이유로 소형의 저가형 기기를 구입하고, 이 선택도 설계에 반영해야 한다. 모든 기기에서 똑같은 경험을 주려고 노력하기보다는 사람들이 기기를 선택한 이유와 그 기기로 원하는 것이 무엇인지 생각해야 한다.

다음의 간단한 예제로 이 차이가 다른 화면 구성에서 어떻게 보이는지 알려준다. 이것으로 예술적인 디자인 감각을 사용해서 사용자 기기를 가장 잘 활용할 수 있는 방법을 알 수 있다.

1. 고해상도 이미지(사진이 좋은 예다)를 선택한다.
2. 사진 편집 도구를 사용해서 원본 이미지의 너비와 높이를 반으로 줄인 복사본을 만든다.
3. 새 안드로이드 스튜디오 프로젝트를 연다.
4. 프로젝트 탐색기에서 res 디렉터리에 drawable-mdpi, drawable-hdpi 폴더를 만든다.
5. 준비한 이미지를 개별 폴더에 위치시킨다.

6. 이미지 뷰와 텍스트 뷰를 갖는 간단한 레이아웃을 만든다.

7. mdpi와 hdpi 밀도의 가상 기기를 2개 만든다.

8. 마지막으로 개별 가상 기기에서 앱을 실행하고 차이점을 살펴본다.

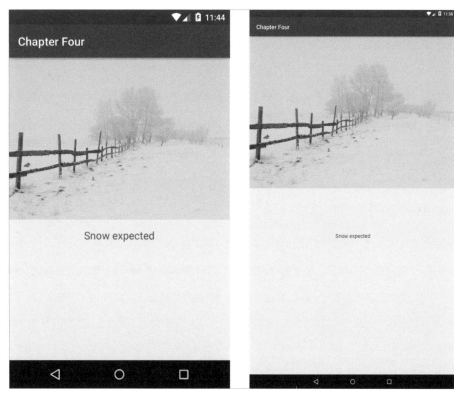

mdpi와 hdpi 밀도를 갖는 기기

앞에서 사용한 밀도 식별자만이 유일한 밀도 식별자는 아니다. TV 앱은 종종 tvdpi 식별자를 사용한다. tvdpi 식별자는 mdpi와 hdpi 사이의 값을 가진다. 또한 정확한 픽셀 매핑을 원할 때는 nodpi 식별자를 사용한다. 그리고 모든 이미지가 벡터 드로어 블인 경우에는 anydpi 식별자를 사용한다.

많은 또 다른 식별자를 developer.android.com/guide/topics/resources/providing-resources.html 사이트에서 확인할 수 있다. 일부 유용한 식별자를 확인해 볼 만하다.

화면 크기와 플랫폼

앞에서 설명한 일반화된 식별자는 대부분의 용도에 적합하고, 시간을 많이 절약시켜서 아주 유용하다. 그러나 앱이 실행하는 기기에 대해 더 정확한 정보를 원하는 경우가 있다.

가장 중요한 정보는 화면 크기다. 이미 소형, 보통, 대형과 같은 식별자는 이미 살펴봤지만, 더 정확하게 크기를 구성할 수 있다. 가장 간단한 방법은 사용할 수 있는 너비와 높이다. 예를 들어 res/layout/w720dp의 레이아웃은 최소 720dp의 화면에서 보일 것이고, res/layout/h1024dp는 화면이 최소 1024dp인 경우 보일 것이다.

리소스를 설정하는 또 다른 매우 편리한 기능은 플랫폼 버전이다. 플랫폼 버전은 API 수준으로 동작한다. 따라서 안드로이드 젤리빈 기기에서 실행할 때 사용할 리소스는 **v16** 식별자를 사용한다.

다양한 하드웨어를 위한 리소스를 선택하고 준비할 수 있다는 것은 기기에 리소스를 풍부하게 제공할 수 있고, 저용량 기기에 더 간단한 리소스를 제공할 수 있다는 것이다. 개발 중인 앱이 핸드폰이나 고급 태블릿용이든지 앱을 테스트하는 방법이 필요하다. 이미 AVD가 얼마나 유연한지 살펴봤지만, 몇 가지 다른 대안도 간략하게 살펴볼 필요가 있다.

대안 에뮬레이터

가장 좋은 대안 에뮬레이터는 지니모션^{Genymotion}일 것이다. 유감스럽게도 무료가 아니고 기본 AVD와 같은 최신 버전을 제공하지는 않지만, 빠르고 드래그앤드롭 설치와 모바일 네트워크 기능을 지원한다. 이는 www.genymotion.com에서 확인할 수 있다.

빠르고 사용하기 쉬운 또 다른 에뮬레이터로 메니모^{Manymo}가 있다. 메니모는 브라우저 기반 에뮬레이터고 웹 앱을 테스트하는 것이 주목적이지만, 모바일 앱에서도 완벽하게 동작한다. 메니모는 무료가 아니지만 미리 제공하는 폼 팩터가 다양하다. 이는

www.manymo.com에서 확인할 수 있다.

비슷하게 애피타이즈^{Appetize}가 있고, appetize.io에서 확인할 수 있다.

대안 에뮬레이터는 계속 증가하는 추세지만, 앞에서 언급한 에뮬레이터가 개발 관점에서 가장 기능이 좋을 것이다. 다음 목록은 또 다른 대안 에뮬레이터다.

- www.andyroid.net
- www.bluestacks.com/app-player.html
- www.droid4x.com
- drive.google.com/file/d/0B728YkPxkCL8Wlh5dGdiVXdIS0k/edit

대안 에뮬레이터를 사용할 수 없기에 AVD 관리자를 사용해야 하는 상황이 있는데, 바로 다음에 살펴볼 스마트 시계와 같은 웨어러블 제품을 개발하는 경우다.

▌ 안드로이드 웨어

웨어러블 기기는 최근 널리 인기를 얻고 있고, 안드로이드 웨어$^{Android\ Wear}$는 안드로이드 SDK에 완전히 통합돼 있다. 웨어러블 기기는 실제 모바일 기기에서 실행하는 앱과 동반 기기$^{companion\ device}$가 함께 동작하므로 웨어 프로젝트$^{Wear\ project}$ 설정은 다른 프로젝트보다 약간 더 복잡하다.

약간 복잡하지만 웨어러블 앱을 개발하는 것은 아주 흥미롭다. 특히 심박수 측정기$^{heart\ rate\ monitor}$ 같은 멋진 센서에 접근할 수 있기 때문이다.

웨어러블 AVD 연결

웨어러블 기기에 접근할 수도 있겠지만, 여기서는 다음 예제처럼 에뮬레이터를 사용한다. 에뮬레이터를 사용하는 이유가 정사각형과 원형의 두 기기를 제공하기 때문이다.

에뮬레이터 하나를 핸드폰이나 태블릿에 연결하면 실제 기기나 다른 에뮬레이터로 앱을 실행할 수 있고, 실제 기기를 사용해서 컴퓨터에 부담을 덜 준다. 이 두 가지 접근 방식은 약간 다르다. 다음 예제는 웨어러블 에뮬레이터와 실제 기기를 연결하고, 마지막에 에뮬레이트한 모바일 기기와 연결하는 방법을 설명한다.

1. 다른 작업을 하기 전에 SDK 관리자를 열고 안드로이드 웨어 시스템 이미지 Android Wear System Images를 다운로드했는지 확인한다.

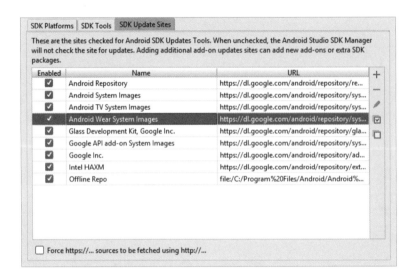

2. AVD 관리자를 열고 원형과 정사각형 한 개씩 AVD를 만든다.
3. 핸드셋의 플레이 스토어Play store에서 안드로이드 웨어 앱을 설치하고 컴퓨터에 연결한다.
4. adb.exe 파일이 있는 \AppData\Local\Android\Sdk\platform-tools\ 디렉 터리[1]를 연다.
5. 다음과 같은 명령을 실행한다.

---

1. 맥의 경우에는 /Users/사용자 계정/Library/Android/sdk/platform-tools/ 디렉터리에 있다. – 옮긴이

```
adb -d forward tcp:5601 tcp:5601
```

6. 핸드셋에서 동반 앱을 실행하고 화면의 지시에 따라 기기를 연결한다.

 TIP 핸드셋에 다시 연결할 때마다 앞의 포트 포워딩 명령을 실행해야 한다.

웨어러블을 가상 핸드셋에 연결하는 과정도 아주 비슷하다. 유일한 차이는 동반 앱을 설치하는 방법이다. 다음과 같은 과정으로 웨어러블과 가상 핸드셋을 연결한다.

1. 구글 API를 포함한 AVD를 시작하거나 만든다.
2. www.file-upload.net/download 사이트 등에서 찾을 수 있는 com.google. android.wearable.app-2.apk를 다운로드한다.
3. 다운로드한 파일을 플랫폼 툴platform-tools 폴더에 위치시키고, 다음의 명령으로 설치한다.

```
adb install com.google.android.wearable.app-2.apk
```

4. 웨어러블 AVD를 시작하고 커맨드라인(또는 Mac이라면 터미널)에서 **adb** 기기를 입력해 두 기기가 보이는지 확인한다.
5. **adb telnet localhost 5554**를 실행한다.[2] 5554는 핸드폰 에뮬레이터 포트다.
6. 마지막으로 **adb redir add tcp:5601:5601**을 실행한다. 앞의 예제와 같은 방법으로 에뮬레이트한 핸드폰에서 웨어 앱을 사용해서 기기에 연결할 수 있다.

---

2. 윈도우에서 telnet을 찾을 수 없다는 에러가 나타나면 제어판 ❯ 프로그램 클릭 ❯ windows 기능 켜기/끄기 클릭 ❯ 텔넷 클라이언트를 설치한다. - 옮긴이

자동으로 추가됐을지라도 안드로이드 웨어 앱이 지원 라이브러리가 필요하다는 점을 아는 것이 여전히 중요하다. 모듈 수준의 build.gradle 파일을 확인하면 알 수 있다.

```
compile 'com.google.android.gms:play-services-wearable:10.2.0'
```

이제 기기가 연결됐고, 실제 웨어러블 앱을 설계하고 개발할 수 있다.

웨어러블 레이아웃

안드로이드 웨어^{Android Wear} UI 개발에 가장 흥미로운 도전 중 하나가 스마트 시계의 두 가지 모양이다. 이 문제에는 두 가지의 접근 방법이 있다.

한 가지 방법은 앞에서 다뤘던 방법과 비슷하게 폼 팩터별 레이아웃을 설계하는 방법이다. 다른 방법은 두 가지 모양에서 모두 동작하는 레이아웃을 만드는 메소드를 사용하는 방법이다.

이 방법들 외에도 지원 라이브러리는 곡선, 둥근 레이아웃과 목록에 어울리는 아주 편리한 위젯을 포함하고 있다.

안드로이드 스튜디오의 가장 유용한 기능 중 하나가 프로젝트를 시작할 때 사용할 수 있는 프로젝트 템플릿이다. 대부분 프로젝트에서 프로젝트 템플릿은 좋은 선택이다. 특히 웨어 앱을 시작하는 좋은 출발점을 제공한다.

웨어 템플릿

프로젝트를 템플릿으로 시작하는 것은 도움이 된다. 심지어 빈 액티비티^{blank activity} 템 플릿도 XML과 자바 파일을 모두 설정해서 매우 유용한 출발점이 된다.

이전에는 한 개의 모듈(app이라는)이 있었지만, 빈 웨어 액티비티^{Blank Wear Activity}로 프로 젝트를 시작하면 모듈이 두 개 생긴다. 하나는 앱^{app} 모듈을 대체하는 **모바일**^{mobile}이고, 다른 모듈은 웨어^{wear}다. 이 두 모듈은 매니페스트, 리소스 디렉터리, 그리고 자바 액티 비티를 포함해서 앞에서 경험한 프로젝트와 같은 구조를 가진다.

WatchViewStub 클래스

빈 웨어 액티비티 템플릿은 앞에서 설명했던 다양한 기기의 모양을 관리하는 첫 번째 방법을 사용한다. 이 방법은 wear/src/main/res/layout 폴더에 있는 WatchViewStub 클래스를 사용하는 것이다.

```xml
<?xml version="1.0" encoding="utf-8"?>
<android.support.wearable.view.WatchViewStub
    xmlns:android="http://schemas.android.com/apk/res/android"
    xmlns:app="http://schemas.android.com/apk/res-auto"
    xmlns:tools="http://schemas.android.com/tools"
    android:id="@+id/watch_view_stub"
    android:layout_width="match_parent"
    android:layout_height="match_parent"
    app:rectLayout="@layout/rect_activity_main"
    app:roundLayout="@layout/round_activity_main"
    tools:context="com.mew.kyle.wearable.MainActivity"
    tools:deviceIds="wear" />
```

앞의 예제에서 보듯이 메인 액티비티는 두 가지 모양의 레이아웃 중 하나로 템플릿을 제공한다.

앞에서 살펴봤듯이 이 방법은 올바른 레이아웃을 선택하는 방법이 아니다. Watch ViewStub가 다르게 동작하기 때문에 WatchViewStub가 시계 모양을 감지할 때 레이아웃을 선택해서 만들 수 있게 특별한 리스너가 필요하다. 다음 코드는 템플릿에서 제공한 메인 액티비티의 자바 코드다.

```java
@Override
protected void onCreate(Bundle savedInstanceState) {
    super.onCreate(savedInstanceState);
    setContentView(R.layout.activity_main);

    final WatchViewStub stub = (WatchViewStub)
            findViewById(R.id.watch_view_stub);

    stub.setOnLayoutInflatedListener(new
            WatchViewStub.OnLayoutInflatedListener() {

        @Override
```

```
    public void onLayoutInflated(WatchViewStub stub) {
        mTextView = (TextView) stub.findViewById(R.id.text);
    }

});
}
```

WatchViewStub가 웨어러블 레이아웃 설계에 필요한 전부라고 생각할 수 있다. WatchViewStub 클래스를 사용해서 두 가지 모양의 시계 화면을 개별 설계할 수 있다. 그러나 일반적으로 웨어 레이아웃은 아주 간단하고, 화면을 간단하게 설계해야 한다. 따라서 한 이미지나 버튼의 간단한 설계로 기기 모양을 인식해서 기기 모양에 따라 어울리는 콘텐츠를 배포할 수 있는 클래스가 있다면 편리할 것이다. 이것이 BoxInset Layout 클래스가 동작하는 방법이다.

모양 인식 레이아웃

BoxInsetLayout 클래스는 웨어 UI 라이브러리^{Wear UI library} 일부로, 정사각형 또는 원형 시계에 최적화된 레이아웃을 하나만 설계할 수 있다. 원형 프레임에서 가능한 한 가장 큰 정사각형을 만들어서 수행한다. 이 방법은 간단한 해결책이지만, BoxInsetLayout 이 선택한 배경 이미지를 항상 모든 공간에 보기 좋게 채운다. 잠시 후에 살펴보겠지만 화면에 가로로 컴포넌트를 위치시키면 BoxInsetLayout 클래스가 자동으로 가장 적합하게 컴포넌트를 위치시킨다.

안드로이드 스튜디오에서 독특한 폼 팩터를 개발할 때 가장 먼저 해야 하는 일 중의 하나가 레이아웃 편집기에서 제공하는 강력한 미리 보기 시스템을 활용하는 것이다. 미리 보기 시스템은 웨어러블 기기 종류별로 미리 보기를 제공하고, 더불어 작성한 AVD의 미리 보기도 제공한다. 레이아웃을 테스트할 때 AVD를 시작할 필요 없이 IDE 에서 직접 미리 보기 할 수 있어서 시간을 많이 절약할 수 있다.

미리 보기 도구는 View ❯ Tool Windows 메뉴나 레이아웃 텍스트 편집기가 열린 경우 기본으로 오른쪽 여백에서 볼 수 있다.

BoxInsetLayout은 WatchViewStubs와 달리 템플릿으로 제공하지 않아서 수동으로 작성해야 한다. 다음의 간단한 과정을 따라 BoxInsetLayout 클래스를 사용해서 동적 웨어 UI를 구성한다.

1. 다음과 같은 BoxInsetLayout을 웨어 모듈에 있는 메인 XML 액티비티의 루트 컨테이너로 만든다.

```
<android.support.wearable.view.BoxInsetLayout
    xmlns:android="http://schemas.android.com/apk/res/android"
    xmlns:app="http://schemas.android.com/apk/res-auto"
    xmlns:tools="http://schemas.android.com/tools"
    android:layout_width="match_parent"
    android:layout_height="match_parent"
    android:background="@drawable/snow"
    android:padding="15dp">

</android.support.wearable.view.BoxInsetLayout>
```

2. BoxInsetLayout 클래스 안에 다음과 같은 FrameLayout을 위치시킨다.

```
<FrameLayout
    android:id="@+id/wearable_layout"
    android:layout_width="match_parent"
    android:layout_height="match_parent"
    android:padding="5dp"
    app:layout_box="all">

</FrameLayout>
```

3. FrameLayout 안에 다음 위젯(또는 자신의 위젯)을 포함시킨다.

```
<TextView
    android:layout_width="match_parent"
    android:layout_height="wrap_content"
    android:gravity="center"
    android:text="@string/weather_warning"
    android:textAppearance="@style/TextAppearance.WearDiag.Title"
    tools:textColor="@color/primary_text_light" />

<ImageView
    android:layout_width="60dp"
    android:layout_height="60dp"
    android:layout_gravity="bottom|start"
    android:contentDescription="@string/generic_cancel"
    android:src="@drawable/ic_full_cancel" />

<ImageView
    android:layout_width="60dp"
    android:layout_height="60dp"
    android:layout_gravity="bottom|end"
    android:contentDescription="@string/buttons_rect_right_bottom"
    android:src="@drawable/ic_full_sad" />
```

4. 마지막으로 원형과 정사각형 에뮬레이터에서 예제를 실행한다.

BoxInsetLayout

BoxInsetLayout 클래스는 사용하기 아주 쉽다. BoxInsetLayout은 시간을 절약시키고, 더불어 가장 간단한 레이아웃이라도 메모리를 사용하기에 메모리 사용량을 줄여준다. 원형 뷰가 공간을 일부 낭비하는 것처럼 보일 수 있지만, 웨어 UI는 드러내야 해서 빈 공간은 피해야 하는 것이 아니다. 잘 설계한 웨어러블 UI는 사용자가 빠르게 파악할 수 있어야 한다.

안드로이드 웨어에서 가장 많이 사용하는 기능 중 하나가 심박수 모니터고, 웨어러블을 작업하면서 센서 데이터에 접근하는 방법을 살펴보는 좋은 시점이다.

▌ 센서 접근

손목에 착용하는 기기는 피트니스 앱에 이상적이고, 많은 모델이 심박수 모니터를 포함해서 피트니스 앱을 완벽하게 한다. SDK에서 센서를 관리하는 방법이 거의 동일해서 한 가지 센서의 동작 방법을 살펴보면 다른 센서도 알 수 있다.

다음 예제는 웨어러블 기기에서 심박수 센서를 읽는 방법을 보여준다.

1. 모바일과 웨어 모듈을 갖는 안드로이드 웨어 프로젝트를 연다.
2. 원하는 레이아웃을 만들고 결과를 보여주기 위해 텍스트 뷰를 포함한다.
3. 웨어 모듈의 매니페스트 파일을 열고 다음과 같이 권한을 추가한다.

```
<uses-permission android:name="android.permission.BODY_SENSORS" />
```

4. 웨어 모듈의 MainActivity.java 파일을 열고 다음과 같은 필드를 추가한다.

```
private TextView textView;
private SensorManager sensorManager;
private Sensor sensor;
```

5. 다음과 같이 액티비티 클래스에서 센서 이벤트 리스너를 구현한다.

```
public class MainActivity extends Activity implements
        SensorEventListener {
```

6. 필요한 메소드를 구현한다.

7. 다음과 같이 onCreate( ) 메소드를 수정한다.

```
@Override
protected void onCreate(Bundle savedInstanceState) {
    super.onCreate(savedInstanceState);
    setContentView(R.layout.activity_main);

    textView = (TextView) findViewById (R.id.text_view);

    sensorManager = ((SensorManager)getSystemService
            (SENSOR_SERVICE));
    sensor = sensorManager.getDefaultSensor(Sensor.TYPE_HEART_RATE);
}
```

8. onResume( ) 메소드를 추가해서 액티비티가 시작하거나 재시작할 때 리스너를 등록한다.

```
@Override
protected void onResume() {
    super.onResume();
    sensorManager.registerListener(this, this.sensor, 3);
}
```

9. 그런 다음 onPause( ) 메소드를 추가해서 필요 없는 경우에 리스너를 제거한다.

```
@Override
protected void onPause( ) {
    super.onPause( )
    sensorManager.unregisterListener(this);
}
```

10. 마지막으로 다음과 같이 onSensorChanged( ) 메소드를 수정한다.

```
@Override
public void onSensorChanged(SensorEvent event) {
    textView.setText("" + (int) event.values[0] + "bpm");
}
```

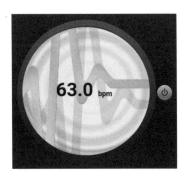

앞에서 언급했듯이 용도에 따라 출력 값이 다를지라도 모든 센서는 같은 방법으로 접근할 수 있다. 다음 사이트에서 센서에 대한 전체 문서를 확인할 수 있다.

developer.android.com/reference/android/hardware/Sensor.html

이제 실제 센서를 가진 기기가 없다면 이 예제가 의미 없다고 생각할 것이다. 다행히도 부족한 하드웨어를 보완하는 여러 방법을 에뮬레이터가 제공한다.

센서 에뮬레이션

안드로이드 에뮬레이터를 자주 사용하지 않거나 처음 사용한다면 개별 AVD가 갖는 확장 컨트롤을 잊었을 수 있다. 확장 컨트롤은 에뮬레이터 툴바 아래에서 접근할 수 있다.

확장 컨트롤은 모의 위치 및 대체 입력 방법을 쉽게 설정할 수 있는 기능 같은 유용한 기능을 제공한다. 여기에서 관심 대상은 **가상 센서**virtual sensors다. 가상 센서로 다양한 센서와 값을 직접 시뮬레이션할 수 있다.

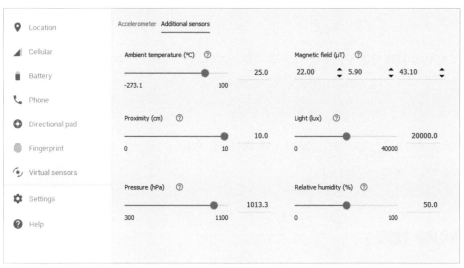

가상 센서

에뮬레이션한 기기에서 센서를 실행하는 여러 방법이 있다. 대부분의 센서는 연결된 실제 기기와 사용하는 하드웨어에 따라 다르다. SDK 컨트롤러 센서는 플레이 스토어Play store에서 다운로드할 수 있다. 필자가 좋아하는 깃허브Github의 센서 시뮬레이터는 다음 사이트에서 확인할 수 있다.

github.com/openintents/sensorsimulator

이제 정적 레이아웃 이상을 개발해 봤으니 안드로이드 스튜디오의 강력한 모니터링 도구를 사용할 수 있다.

▌ 기기 모니터링

매우 자주 기기나 에뮬레이터에서 간단히 앱을 실행하는 것으로 설계한 UI가 잘 동작하는지, 변경할 필요가 있는지 알려줄 수 있다. 그러나 내부 동작을 살펴보는 것은 언제나 중요하다. 그리고 안드로이드 스튜디오는 앱 동작을 실시간 모니터링할 수 있는 유용한 도구를 제공한다.

디버깅에 대해서는 5장에서 자세히 다루겠지만, 안드로이드 디버그 브리지[ADB, Android Debug Bridge]를 사용하는 것이 너무 이르지는 않다. 그리고 기기 모니터는 안드로이드 스튜디오의 가장 중요한 장점 중 하나다.

이 절에서는 안드로이드 스튜디오의 또 다른 유용한 기능인 프로젝트 템플릿[project templates]을 자세히 살펴본다.

프로젝트 템플릿

안드로이드 스튜디오는 유용한 프로젝트 템플릿을 많이 제공한다. 프로젝트 템플릿은 전체 화면 앱이나 구글 맵[Google Maps] 프로젝트와 같이 일련의 일반적인 프로젝트 형태를 위해 설계됐다. 템플릿은 프로젝트를 시작할 때 코드, 레이아웃, 리소스를 사용해서 프로젝트 일부를 완성한다. 머티리얼 디자인이 증가함에 따라 Navigation Drawer Activity 템플릿이 가장 많이 사용되는 템플릿 중 하나다. 그리고 기기 모니터 도구를 검토하는 데 사용한다.

Navigation Drawer Activity 템플릿은 여러 면에서 흥미롭고 유용하다. 첫 번째로 익숙한 activity_main.xml 파일을 포함해서 레이아웃 파일이 4개 있다. 코드를 살펴보면 다음과 같은 노드에 주의해야 한다.

```
<include
    layout="@layout/app_bar_main"
    android:layout_width="match_parent"
    android:layout_height="match_parent" />
```

이 노드의 의도는 이해하기 쉽게 하는 것이고, 참조하는 app_bar_main.xml 파일은 앞에서 살펴봤던 코디네이터 레이아웃과 기타 뷰를 포함한다. <include> 태그를 사용하는 것이 필수는 아니지만, 다른 액티비티에서 코드를 재사용하는 경우에 아주 유용하고, 더불어 깔끔한 코드를 작성할 수 있다.

Navigation Drawer Activity 템플릿의 또 다른 흥미로운 점은 드로어블 디렉터리 drawable directory에서 벡터 그래픽을 사용한다는 점이다. 5장에서 자세히 살펴보겠지만 지금은 화면 크기나 밀도에 따라 개별 이미지를 제공해야 하는 문제를 관리할 수 있는 유용한 방법을 제공하는 것을 아는 것만으로도 충분하다.

앱 동작을 모니터링하는 방법을 살펴보기 전에 메인 액티비티 자바 코드를 먼저 살펴보자. 자바 코드는 다양한 기능을 어떻게 코드로 작성해야 하는지 잘 보여준다. 예제기능이 원하는 기능이 아닐 수 있지만, 목적에 따라 쉽게 바꾸고 편집할 수 있다. 그리고 이 시점부터 앱을 빌드할 수 있다.

모니터링과 프로파일링

모든 개발자가 필요로 하는 도구는 런타임에 앱을 모니터링하는 도구다. 사용자 액션이 프로세스나 메모리와 같은 하드웨어 컴포넌트에 미치는 영향을 살펴보는 것은 병목현상과 기타 문제를 확인하는 좋은 방법이다. 안드로이드 스튜디오는 정교한 프로파일링 도구 모음을 제공하는데, 5장(모듈)에서 자세히 살펴본다. 그러나 안드로이드 프로파일러는 UI 개발과 코딩에 유용하며, 여기에서 간략하게 살펴볼 가치가 있다.

안드로이드 프로파일러^{Android Profiler}는 View ❯ Tool Windows 메뉴, 도구 모음^{tools gutter}, Alt + 6 키로 열 수 있다. 기본으로 IDE 아래에 보이지만, 개별 설정에 적합하게 설정 아이콘을 사용해서 사용자 정의할 수 있다.

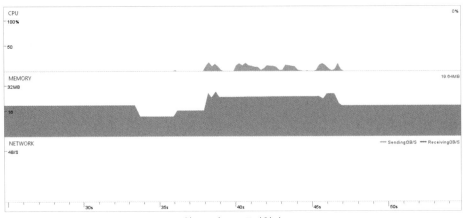

안드로이드 프로파일러

고급 프로파일링 옵션은 실행 구성 대화상자^{Run configuration dialog}로 사용할 수 있다. 고급 프로파일링은 5장에서 다룬다. 여기서는 UI 설계 및 개발에 아주 편리한 디버깅/모니 터링 도구에 대해 살펴본다.

프로파일러에서 제공하는 시각적 피드백은 유용한 정보를 많이 제공하지만, 이 정보 는 일시적이다. 고급 프로파일링으로 정보를 매우 자세히 기록할 수 있지만, 종종 개 발자가 원하는 것은 특정 이벤트가 발생했는지 여부나 특정 이벤트 순서만 확인하면 된다.

따라서 로그캣^{logcat} 도구 창을 사용할 수 있다. 필요할 때 앱이 하는 일과 방법에 대해 서 텍스트로 피드백을 얻을 수 있고, 이 목적에 적합하게 로그캣 필터를 만들 수 있다.

다음 과정으로 로그캣 필터를 수행한다.

1. View ❯ Tool windows 메뉴나 여백에서 로그캣 도구 창을 연다.
2. 오른쪽에 있는 필터 드롭다운에서 Edit Filter Configuration을 선택한다.

3. 다음과 같이 대화상자를 완성한다.

로그캣 필터 만들기

4. 메인 액티비티에 다음과 같은 필드를 추가한다.

```
private static final String DEBUG_TAG = "tag";
```

5. 다음과 같이 클래스 선언을 추가한다.

```
import android.util.Log;
```

6. 마지막으로 다음 코드에서 강조한 줄을 추가한다.

```
FloatingActionButton fab = (FloatingActionButton)
        findViewById(R.id.fab);
fab.setOnClickListener(new View.OnClickListener() {

    @Override
    public void onClick (View view){
        Snackbar.make(view, "Replace with your own action",
                Snackbar.LENGTH_LONG)
```

```
                    .setAction("Action", null)
                    .show( );

            Log.d(DEBUG_TAG, "FAB clicked");
        }
    });
```

7. 앱을 실행해서 로그캣을 열고, FAB을 탭하면 다음과 같은 출력을 볼 것이다.

```
...com.mew.kyle.devicemonitoringdemo D/tag: FAB clicked
```

이 예제는 간단하지만, 로그캣은 분명 강력하다. 이 형태의 디버깅은 간단한 UI 동작, 앱의 흐름, 액티비티 생명주기 상태를 확인할 수 있는 가장 빠르고 간단한 방법이다.

▌ 요약

4장에서는 기본을 많이 다뤘다. 앞부분에서는 안드로이드 레이아웃을 살펴봤고, 정적 그래픽에서 동적 구조로 전환하는 방법을 살펴보면서 시작했다. 그리고 안드로이드 스튜디오가 다른 IDE보다 쉽고 다양하게 화면을 개발할 수 있는 클래스와 라이브러리를 살펴보고, 가장 최근의 플랫폼을 포함해서 가능한 모든 폼 팩터를 만드는 데 에뮬레이터를 사용하는 방법을 살펴봤다.

코딩을 시작하기 전에 레이아웃과 디자인에 대한 장이 하나 더 있다. 5장에서는 사용할 수 있는 수많은 리소스를 관리하는 방법과 안드로이드 스튜디오가 도와주는 방법을 다룬다.

05

애셋과 리소스

지금까지 책에서 레이아웃, 디자인, 그리고 레이아웃과 디자인을 지원하는 라이브러리와 도구를 살펴봤다. 또한 다양한 화면 크기, 모양, 밀도와 함께 다양한 폼 팩터에 어울리는 개발을 살펴봤다. 5장은 UI 개발의 마지막 장으로, 안드로이드 스튜디오가 아이콘 및 기타 드로어블 같은 다양한 애셋^{asset}과 리소스^{resource}를 관리하는 방법을 살펴본다.

안드로이드 스튜디오를 사용해서 프로젝트에 드로어블을 포함하는 경우 아주 편리하다. 특히 안드로이드 개발자가 참조하는 벡터 그래픽의 경우 화면 크기와 밀도를 서로 다르게 확장할 수 있고, 벡터 애셋 스튜디오^{vector asset studio}라는 아주 유용한 도구로 벡터 그래픽을 확장한다. 더불어 비트맵^{bitmap} 이미지를 만들고 구성하는 애셋 스튜디오^{asset studio}도 있다.

벡터 드로어블은 앱 아이콘, 메뉴, 탭, 알림 영역 같은 컴포넌트에 널리 사용한다. 그리고 아이콘에 애니메이션을 적용해 한 아이콘에서 다른 아이콘으로 변형하는 경우에도 아주 유연하다. 이 변형은 작은 화면에서 공간을 절약하는 아주 유용한 기능이다.

5장에서 다루는 내용은 다음과 같다.

- 애셋 스튜디오로 아이콘 만들기
- 어댑티브 아이콘adaptive icons 만들기
- 머티리얼 런처 아이콘 만들기
- 머티리얼 아이콘 플러그인 사용
- 벡터 애셋 만들기
- 벡터 애셋 가져오기
- 아이콘 애니메이션 적용
- 플러그인으로 동적 레이아웃 보기
- 이미지에서 눈에 띄는 색 추출

▌ 애셋 스튜디오

단지 런처와 액션 아이콘만 사용하더라도 아이콘을 사용하지 않는 앱은 거의 없다. 성공적인 UI와 혼란스러운 UI 차이는 올바른 아이콘의 선택과 디자인이 만든다.

필수는 아니지만 구글은 머티리얼 디자인 아이콘이 사용되길 바란다. iOS가 비교적 일관된 느낌을 제공한다는 인식에 대응해서 플랫폼 전체에 동일한 사용자 경험을 주려는 시도다. iOS는 개발자에게 많은 제약을 하는 폐쇄형 시스템closed system이라서 당연하다. 반면 구글은 개발자에게 비교적 창의적이고 자유로움을 제공하길 원한다. 이런 이유로 과거에는 애플 기기가 안드로이드보다 일반적으로 더 부드럽다는 평판을 얻었다. 여기에 맞서 구글은 처음 기대를 훨씬 능가하는 머티리얼 디자인 가이드라인을 발표했고, 이제는 iOS를 비롯한 다른 많은 플랫폼에서 볼 수 있다.

예상대로 안드로이드 스튜디오는 디자인 기능과 드로어블 통합을 도와주는 도구를 제공한다. 이 도구는 애셋 스튜디오의 형태다. 애셋 스튜디오는 밝은 색의 상세한 런처 아이콘에서 완전하게 사용자 정의 버전까지, 그리고 벡터 그래픽 작업과 알림 아이콘 등의 모든 형태의 아이콘을 쉽게 만들고 구성하게 해준다. 안드로이드는 API 26 수준부터 다양한 기기에서 다양한 모양으로 보여주고 간단한 애니메이션을 수행하는 어댑티브 아이콘^{Adaptive Icons}을 도입했다.

애셋 스튜디오에는 일반 이미지용과 벡터 그래픽용의 두 가지 인터페이스가 있다. 다음 절에서 첫 번째 인터페이스에 대해 살펴본다.

이미지 애셋 스튜디오

다양한 화면 구성을 위한 이미지를 만들 때 종종 같은 이미지를 여러 버전으로 만들어야 하고, 이 작업은 일반적으로 많지는 않다. 반면 아이콘에 대해서는 여러 개별 아이콘과 수십 가지 버전을 가질 수 있다. 그리고 아이콘의 크기를 조절해야 하는 지루한 작업이 필요하다. 다행히 안드로이드 스튜디오는 이미지 애셋 스튜디오를 이용해 이 문제의 해결책을 제공한다.

기기 제조사는 제품에 일관된 룩앤필^{look and feel}을 만드는 데 관심이 더 많을 수 있다. 홈 화면에 런처 아이콘이 보이는 방식에 대해 특히 분명하다. 이상적인 상황은 개발자가 아이콘을 하나 디자인하고, 제조사가 기기의 위치나 제조사의 설계에 따라 정사각형이나 원형과 같은 일정한 모양으로 어울리게 맞추는 것이다.

이미지 애셋 스튜디오는 원본 이미지와 일반 배경 레이어를 사용하는 두 계층으로 구성한 아이콘을 만들어서 해결한다. 원하는 모양을 만들기 위해 마스크를 적용할 수도 있고, 종종 다음과 같은 세 가지 이미지 중 하나가 된다.

어댑티브 아이콘

이미지 애셋 스튜디오는 프로젝트 아래 drawable 폴더의 컨텍스트^context 메뉴에서 New ▶ Image Asset 메뉴를 선택해 열 수 있다.

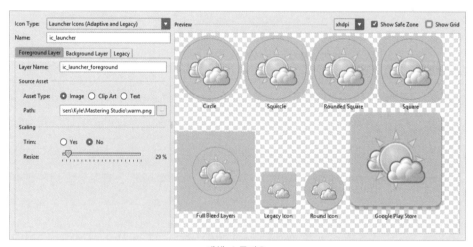

애셋 스튜디오

가장 광범위한 기기 및 API 수준에서 동작하는 아이콘을 만드는 데 여러 단계가 있고, 이 단계는 세 가지 탭인 **포그라운드 계층**^Foreground Layer, **백그라운드 계층**^Background Layer, **레거시**^Legacy로 나타낸다. 개별 탭은 중요한 기능을 갖고 있고, 다음 절에서 살펴본다.

계층 아이콘

포그라운드 계층은 이미지를 적용하는 곳이다. 런처 아이콘을 만들면 런처 아이콘이나 클립아트/텍스트^{clip art/text}의 경우는 자체 아트워크^{artwork}가 될 수 있다. 마법사는 새 애셋을 만드는 것에 더불어 플레이 스토어 아이콘을 비롯해 사용할 수 있는 아이콘을 자동으로 만든다. 세이프 존 보기^{Show Safe Zone} 기능은 가장 유용한 미리 보기 기능이다. 아이콘이 모든 기기와 플랫폼에서 올바르게 보이는 경우 애셋이 넘지 않아야 하는 경계를 보여준다. Resize: 이 컨트롤을 사용하면 아이콘이 영역을 벗어나지 않게 빠르게 확인할 수 있다.

> **TIP**
> 크기 조절(scaling) 옵션으로 Trim: 선택은 아이콘을 완성하기 전에 초과 픽셀을 제거한다. 이 옵션은 맨 위 계층에서 중복된 투명 픽셀을 제거해서 종종 파일 크기를 크게 줄여준다.

어댑티브 아이콘의 백그라운드 계층은 앞의 이미지에서 보여준 모양과 크기를 만드는데 필요한 트리밍^{trimming}을 할 수 있게 충분히 커야 한다. 기본 ic_launcher_background.xml은 그리드에 보이는 벡터 그래픽을 만든다. 벡터 그래픽은 아트워크의 위치와 크기를 조정할 때 아주 유용하지만, 기존 앱에서 사용하는 것은 아니다. 구글은 테두리나 외부 그림자가 없는 일반 백그라운드 사용을 권장한다. 머티리얼 가이드라인은 내부 명암을 허용하지만, 가장 간단한 해결책은 백그라운드 계층의 이미지가 아닌 색을 사용하는 것이다. 색을 사용하면 테마에서 눈에 띄는 색을 선택해서 브랜드를 홍보할 수 있다.

애셋 백그라운드 선택

이 이미지는 디자인 가이드라인의 목적을 잘 보여주는 아이콘을 클립아트^{clip art}에서 선택해 사용한다.

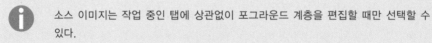

소스 이미지는 작업 중인 탭에 상관없이 포그라운드 계층을 편집할 때만 선택할 수 있다.

레거시 탭은 API 수준이 25 이하인 기기에서 아이콘이 계속 동작하게 하고, 이전 버전을 실행하는 많은 기기에 어울리는 긴 직사각형 아이콘과 같은 모든 디자인 기능을 제공할 수 있다.

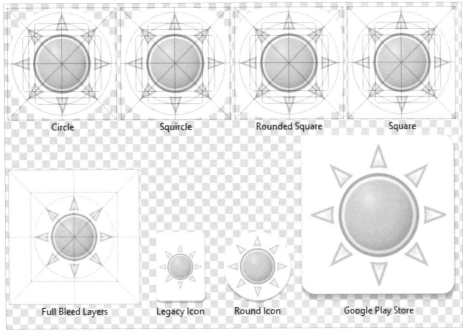

레거시 아이콘 편집

많은 개발자는 뛰어난 아티스트이기도 하므로, 처음부터 런처 아이콘을 디자인하는 것이 편할 것이다. API 수준 26 이후로 런처 아이콘 크기가 변경됐다는 것을 아는 것이 중요하다. 아이콘을 48×48 픽셀 그리드에서 디자인했지만, 이제는 108×108 픽셀에서 해야 하고, 가운데 72×72 픽셀은 항상 보이는 부분이다. 그러나 앞으로 어떤 제조사가 이 가이드라인을 따른다고 보장할 수 없다. 따라서 가능한 한 많은 실제 기기에서 모든 애셋을 테스트하는 것이 좋다.

 여기에 제시한 가이드라인은 이미지가 불필요하게 잘리는 것을 방지하는 데 유용하고, 더불어 많은 제조사가 포함하는 펄스 및 지글(pulse and jiggle) 애니메이션을 제공한다. 애니메이션은 종종 사용자 상호작용의 성공이나 실패를 알려주는 데 사용한다.

물론 반드시 애셋 스튜디오를 사용해서 어댑티브 아이콘을 만들 필요는 없다. 일단 기본을 이해했으면 직접 디자인하고 XML에 포함할 수 있다. 어댑티브 아이콘은 다음 과 같이 매니페스트 파일의 android:roundIcon 속성을 사용해서 설정한다.

```
<application
    . . .
    android:roundIcon="@mipmap/ic_launcher_round"
    . . . >
</application>
```

다음과 같이 XML 레이아웃에 adaptive-icon 요소의 속성을 사용해서 어댑티브 아이 콘을 추가할 수 있다.

```
<adaptive-icon>
    <background android:drawable="@color/ic_some_background"/>
    <foreground android:drawable="@mipmap/ic_some_foreground"/>
</adaptive-icon>
```

안드로이드 스튜디오는 종합적인 액션 아이콘 모음을 내장했고, 가능한 한 많이 내장 아이콘을 사용하는 것이 좋다. 그리고 지속적으로 업데이트되는 훨씬 더 많은 아이콘 은 material.io/icons/에서 확인할 수 있다.

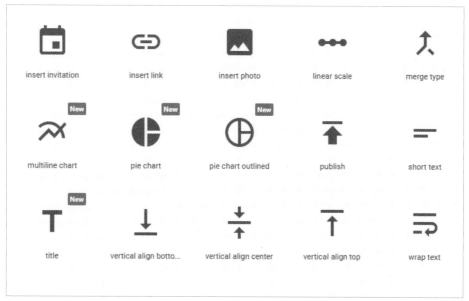

머티리얼 아이콘

이미지 애셋 스튜디오는 탭, 액션 바 등에서 사용하는 작은 아이콘을 만드는 데 적합하다. 그러나 밝고 다양한 색을 사용해서 머티리얼 용어로 3D라는 런처 아이콘을 만드는 경우에는 한계가 있다. 따라서 런처 아이콘에 대해 간단히 알아보자.

런처 아이콘 도구

일반적으로 서드파티 편집기를 사용해서 런처 아이콘을 만든다. 그리고 멋진 안드로이드 아이콘을 만드는 데 도움이 되는 안드로이드 스튜디오 플러그인이 있다. 가장 좋은 도구 중 하나는 애셋 스튜디오의 기능을 개선한 온라인 버전이다. 온라인 버전은 구글의 디자이너인 로만 누리크[Roman Nurik]의 깃허브 사이트인 romannurik.github.io/AndroidAssetStudio에서 확인할 수 있다.

온라인 버전은 네이티브 버전에 없는 기능과 깔끔한 아이콘 애니메이터를 포함해서 6개 이상의 아이콘 생성기를 제공한다. 온라인 버전의 런처 아이콘 생성기는 높이

elevation와 음영, 확대/축소scaling와 같이 IDE가 제공하지 않는 머티리얼 기능을 설정할 수 있기에 흥미롭다.

온라인 편집기의 가장 좋은 점 중 하나는 머티리얼 디자인 아이콘 키라인icon keylines을 보여주는 것이다.

런처 아이콘 키라인

구글이 제품 아이콘product icons이라 하는 디자인은 이 책의 범위를 벗어난다. 그러나 구글은 제품 아이콘 디자인에 대한 흥미로운 가이드라인을 제공하고, 이 가이드라인 은 material.io/guidelines/style/icons.html에서 확인할 수 있다.

그러나 런처 아이콘을 구성할 때 어느 시점에서는 서드파티 그래픽 편집기가 필요하 다. 안드로이드 스튜디오에는 서드파티 그래픽 편집기와 통합하는 데 도움이 되는 몇 가지 도구가 있다.

안드로이드 머티리얼 디자인 아이콘 생성기Android Material Design Icon Generator는 JetBrains의 멋진 플러그인이고, 이름에 걸맞게 동작한다. 안드로이드 머티리얼 디자인 아이콘 생 성기는 플러그인 저장소plugin repository에서 확인할 수 있으므로 다운로드할 필요는 없 다. 다른 IDE에서 사용하는 경우 다음 URL에서 다운로드할 수 있다.

github.com/konifar/android-material-design-icon-generator-plugin

안드로이드 스튜디오 플러그인을 처음 사용하는 경우에는 다음과 같은 간단한 과정을 수행한다.

1. File ❯ Settings....에서 설정 대화상자를 연다.
2. 플러그인^{Plugins} 대화상자를 열고 Browse repositories....를 선택한다.
3. 검색 창에 Material을 입력하고, 플러그인을 선택해서 설치한다.

플러그인 저장소

4. 안드로이드 스튜디오를 다시 시작한다.

대부분의 플러그인은 New... 하위 메뉴나 Ctrl + Alt + M으로 연다. 아이콘 생성기는 간단하지만 색, 크기를 선택할 수 있고, 게다가 비트맵, 벡터 이미지와 모든 밀도를 선택하게 하는 중요한 기능을 제공한다.

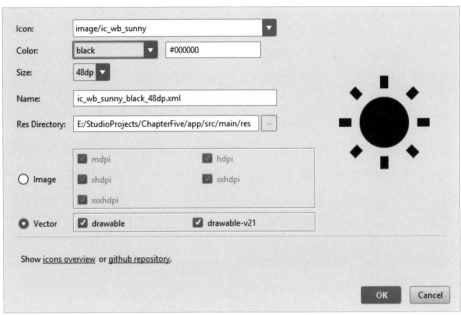

안드로이드 머티리얼 아이콘 생성기 플러그인

 아이콘 생성기는 계속 증가하는 깃허브 머티리얼 디자인 아이콘 저장소에 연결하는 편리한 링크도 제공한다.

심플리^{Sympli}는 비싸지만 정교한 디자인 도구로, 선택한 그래픽 편집기와 플러그인으로 안드로이드 스튜디오에서 동작한다. 아이콘과 기타 애셋을 자동으로 만들고, 팀 간에 사용할 수 있게 설계됐다. 이는 sympli.io에서 볼 수 있다.

스튜디오 플러그인은 아니지만 김프^{GIMP} 사용자는 github.com/ncornette/gimp-android-xdpi에서 사용할 수 있는 편리한 파이썬 스크립트를 찾을 수 있다.

스크립트를 다운로드해서 GIMP 플러그인 폴더에 gimpfu_android_xdpi.py로 저장한다. 그런 다음 이미지의 Filter 메뉴로 접근할 수 있다.

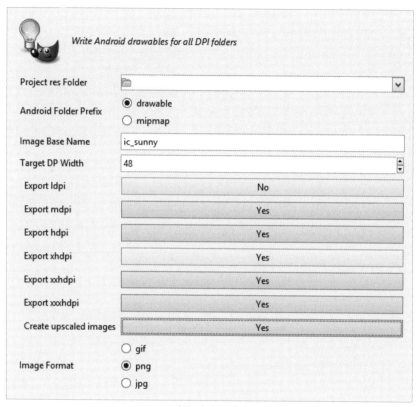

자동 아이콘 생성

이 화면에서 볼 수 있듯이 이 플러그인은 단일 이미지를 아이콘 모음으로 변환하는 데 필요한 옵션을 제공한다.

이 도구를 사용해서 아이콘을 만들고 구성하는 것은 유용하고 시간도 절약할 수 있다. 그러나 비트맵을 전혀 사용하지 않고, 모든 밀도에 대한 이미지로 벡터 그래픽을 사용하는 경우가 많다.

처음부터 벡터 이미지를 만드려는 사람에게 아주 유용한 무료 도구가 있다.

메소드 드로우[Method Draw]는 SVG[Scaleable Vector Graphics] 편집기로, 간단하고 기능이 좋다. 그리고 액션과 알림 아이콘 같이 간단한 벡터 이미지를 만드는 도구 모음을 제공한다. 만든 아이콘은 .svg 파일로 다운로드하고 안드로이드 스튜디오로 가져올 수 있다. editor.method.ac에서 확인할 수 있다.

좀 더 정교한 도구를 원한다면 크롬[Chrome] 웹 스토어에서 박시 SVG 편집기[Boxy SVG Editor]를 사용할 수 있다. 이 도구는 오프라인에서 동작하는 잉크스케이프[Inkscape]나 스케치[Sketch]와 비슷한 기능을 제공한다.

벡터 애셋 스튜디오

벡터 그래픽 애셋 스튜디오는 래스터 그래픽[raster graphics] 버전과 같은 기능을 수행하지만, 더 흥미롭다. 이미 정해진 아이콘을 다룰 때 머티리얼 아이콘을 선택하는 것으로도 충분하다.

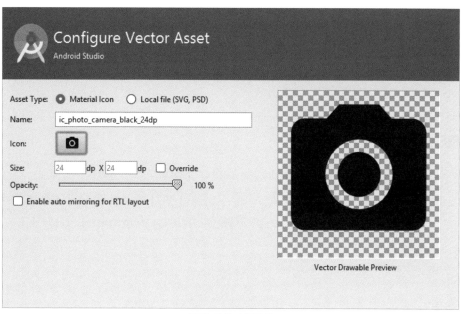

벡터 애셋 스튜디오

일단 애셋을 만들면 VectorDrawable 클래스로 XML 파일에 저장된다.

```
<vector xmlns:android="http://schemas.android.com/apk/res/android"
    android:width="24dp"
    android:height="24dp"
    android:viewportHeight="24.0"
    android:viewportWidth="24.0">

    <path
        android:fillColor="#FF000000"
        android:pathData="M19,13h-6v6h-2v-6H5v-2h6V5h2v6h6v2z" />
</vector>
```

안드로이드 벡터 드로어블^{Android vector drawables}은 SVG 형식과 비슷하고 이 형식을 단순화한 버전으로, .svg 파일과 밀접하게 관련돼 있다. 래스터 애셋과 마찬가지로 기존 아이콘을 사용하기는 아주 쉽다. 벡터 드로어블을 수정하거나 만들려고 할 때 벡터 애셋 스튜디오가 흥미로울 것이다.

물론 SVG를 배우거나 `VectorDrawable`의 `pathData`를 이해할 필요는 없지만, 처리 과정과 도구 일부에 대해 아는 것은 아주 좋다.

벡터 드로어블

벡터 스튜디오를 사용해서 SVG 파일을 `VectorDrawables`로 변환할 수 있다. 벡터 그래픽을 얻는 여러 가지 방법이 있고, 많은 그래픽 편집기는 다른 형식으로 변환할 수 있다. 다음은 다른 형식을 SVG로 변환하는 아주 좋은 온라인 도구다.

image.online-convert.com/convert-to-svg

그리고 젯브레인 플러그인도 아래 주소에서 사용할 수 있다.

plugins.jetbrains.com/plugin/8103-svg2vectordrawable

SVG 객체를 작성할 때 할 일이 거의 없겠지만, 다음 예제로 SVG 객체로 변환하는 과정을 살펴보는 것은 유용하다.

1. 다음 코드를 .svg 파일로 저장한다.

```
<svg
   height="210"
   width="210">

<polygon
   points="100,10 40,198 190,78 10,78 160,198"
   style="fill:black;fill-rule:nonzero;"/>

</svg>
```

2. 안드로이드 스튜디오 프로젝트를 열고, 벡터 애셋 스튜디오를 연다.

3. Local File을 선택하고 앞에서 만든 SVG 파일을 선택한다.

4. Next를 클릭하고 Finish를 클릭해서 다음과 같은 VectorDrawable로 변환
   한다.

```
<vector
    xmlns:android="http://schemas.android.com/apk/res/android"
    android:width="24dp"
    android:height="24dp"
    android:viewportHeight="210"
    android:viewportWidth="210">

    <path
        android:fillColor="#000000"
        android:pathData="M100,10l-60,188l150,-120l-180,
            0l150,120z" />

</vector>
```

일반적으로 벡터 아이콘을 검은 색으로 칠하고, 틴트(tint) 속성을 사용해서 색을 지정
하는 것이 좋다. 이 방법으로 한 아이콘을 여러 테마에서 재사용할 수 있다.

SVG <polygon>은 모양의 모서리를 정의하는 간단한 점 목록이므로 이해하기 쉽다.
반면에 android:pathData 문자열은 조금 모호하다. 문자열을 다음과 같이 이해할
수 있다.

- M은 100, 10으로 이동한다.

  100, 100

- l는 -68, 188까지 그린다.

  -68, 188

- I는 150, -120까지 그린다.

  150, -120

- I는 -180, 0까지 그린다.

  -180, 0

- I는 150, 120 z까지 그린다.

  150,120 z

  (패스 종료)

앞에서의 포맷은 대문자로 절대 위치를 나타내고, 소문자로 상대 위치를 나타낸다. 또한 수직선은 V(v), 수평선은 H(h)로 만들 수 있다.

경로 마지막 식별자 z가 있다면 마지막 좌표는 포함할 필요가 없다. 앞의 행간 명령 line-to command과 같이 문자가 앞의 문자와 같으면 문자를 생략할 수 있다. 다음과 같은 문자열을 고려해보자.

```
M100,10l-60,188l150,-120l-180,0l150,120z
```

위 문자열은 다음과 같이 바꿀 수 있다.

```
M100,10 l-60,188 150,-120 -180,0z
```

 이미지 크기를 나타내는 두 개의 모음인 viewportWidth와 viewportHeight가 있고, 이 값은 원본 SVG 이미지의 캔버스 크기를 참조하는 것에 주의하라.

애셋 스튜디오가 벡터 데이터를 만들므로 데이터 자체를 걱정할 필요는 없다. 그러나 다음 절에서 볼 수 있듯이 애니메이션 아이콘(또는 다른 애니메이션 벡터 그래픽)에 대해서는 벡터 드로어블의 내부 구조를 이해하는 것이 아주 유용할 수 있다.

▍ 애니메이션 아이콘

안드로이드 기기를 사용하는 모든 사용자는 애니메이션 아이콘에 익숙할 것이다. 가장 잘 알려진 예제는 내비게이션 드로어가 열리고 닫힐 때 햄버거 아이콘이 화살표로 바뀌거나 이전으로 돌아가는 형태일 것이다. 벡터 그래픽을 사용하면 이 과정이 아주 간단해진다. 두 아이콘이 같은 수의 점을 가진다면 아이콘을 다른 아이콘으로 바꿀 수 있다.

모바일 기기에서는 공간을 효율적으로 사용할 필요가 있고, 애니메이션 액션 아이콘은 보기도 좋으며 공간도 절약할 수 있다. 애니메이션 아이콘을 잘 사용하면 의미를 사용자에게 효율적으로 전달할 수 있다.

벡터 이미지는 점을 매핑해서 원본 이미지를 대상 이미지로 쉽게 변환할 수 있다. 이 작업은 AnimatedVectorDrawable 클래스를 사용한다.

드로어블을 애니메이션하는 데는 여러 방법이 있다. 먼저 회전rotation과 변환translation 같이 미리 정의된 애니메이션을 적용할 수 있다. 또한 내장 인터폴레이션interpolation 기술을 사용해서 점의 개수와 상관없이 한 드로어블에서 다른 드로어블로 바꿀 수 있다. 이 두 방법을 살펴보자. 그러나 먼저 애니메이션을 제어하는 데 가장 많이 제어할 수 있는 이미지 경로를 사용하는 방법을 살펴본다.

애니메이션 화살표 아이콘

다음 과정은 애니메이션 벡터 드로어블을 만드는 방법을 보여준다.

1. 다음과 같이 두 화살표에 대한 경로를 문자열로 저장하면서 시작한다.

```
<!-- Spaces added for clarity only -->
<!-- 명확하게 하려고 공백만 추가했다 -->

<string name="arrow_right">
    M50,10 l40,40 l-40,40 l0,-80z
</string>

<string name="arrow_left">
    M50,10 l-40,40 l40,40 l0,-80z
</string>
```

2. 문자열로 두 경로를 모두 기록하므로, ic_arrow_left.xml이라는 벡터 드로어블 하나만 정의하면 된다.

```
<vector
    xmlns:android="http://schemas.android.com/apk/res/android"
    android:width="24dp"
    android:height="24dp"
    android:viewportHeight="100.0"
    android:viewportWidth="100.0">

    <path
        android:name="path_left"
        android:fillColor="#000000"
        android:pathData="@string/arrow_left" />
</vector>
```

3. res/animator 폴더를 만들고, 이 폴더에 다음과 같은 arrow_animation.xml 파일을 만든다.

```
<?xml version="1.0" encoding="utf-8"?>
<set
        xmlns:android="http://schemas.android.com/apk/res/android">
```

```xml
<objectAnimator
    android:duration="5000"
    android:propertyName="pathData"
    android:repeatCount="-1"
    android:repeatMode="reverse"
    android:valueFrom="@string/arrow_left"
    android:valueTo="@string/arrow_right"
    android:valueType="pathType" />

</set>
```

4. 다음 코드를 사용해서 애니메이션 드로어블인 ic_arrow_animated.xml을 만든다.

```xml
<?xml version="1.0" encoding="utf-8"?>
<animated-vector
    xmlns:android="http://schemas.android.com/apk/res/android"
    android:drawable="@drawable/ic_arrow_left">

  <target
      android:name="path_left"
      android:animation="@animator/arrow_animation" />

</animated-vector>
```

5. 애니메이션 동작을 확인하기 위해서 다음과 같은 자바 코드를 사용한다.

```java
ImageView imageView = (ImageView)
    findViewById(R.id.image_arrow);
Drawable drawable = imageView.getDrawable();

if (drawable instanceof Animatable) {
  ((Animatable) drawable).start();
}
```

이 과정의 핵심은 arrow_animation 파일에 있는 ObjectAnimator 클래스다. ObjectAnimator 클래스는 여기서 살펴본 것보다 훨씬 더 강력하다. 이 예제에서는 애니메이션을 만들기 위해 pathData 속성을 선택했지만, 선택한 거의 모든 속성을 애니메이션으로 만들 수 있다. 사실, 색을 포함한 숫자 속성도 이 방법으로 애니메이션할 수 있다.

ObjectAnimator는 새 애니메이션을 만들 기회를 제공하지만, 기존 속성을 대상으로 한다. 그러나 앱 정의 데이터를 반영해서 정의한 값이나 변수를 애니메이션하려는 경우 어떻게 할 수 있을까? 이 상황에서는 ObjectAnimator를 상속하는 ValueAnimator를 활용할 수 있다.

경로 데이터를 사용해서 매우 유연한 애니메이션 프레임워크를 제공할 수 있다. 특히 재생/일시 중지 같은 토글 액션에서 볼 수 있듯이, 기능을 변경하면서 아이콘을 다른 아이콘으로 변형하는 경우 유용하다. 그러나 이 방법이 벡터 애니메이션을 만드는 유일한 방법은 아니다. 내장된 애니메이션도 있고, 같은 수의 점을 공유하지 않고도 한 아이콘을 다른 아이콘으로 변형하는 방법도 있다.

기타 애니메이션

경로 데이터를 모핑^{Morphing}[1]하는 방법이 아이콘(또는 다른 드로어블)을 애니메이션으로 만드는 가장 흥미로운 방법 중 하나다. 그러나 종종 회전과 변환과 같이 간단한 대칭 움직임만 필요하다.

다음 예제는 기타 애니메이션 유형의 하나를 적용하는 방법을 보여준다.

1. 벡터 드로어블을 선택하고 해당 **pathData**를 문자열로 저장한다. 여기서는 애셋 스튜디오를 사용해서 **ic_first_page_black_24dp** 아이콘을 사용한다.

```
<string name="first_page">
    M18.41,16.59 L13.82,12 l4.59,-4.59 L17,6 l-6,6 6,6 z
        M6,6 h2 v12 H6 z
</string>
```

ic_first_page_black_24dp 아이콘

2. 앞에서와 같이 ic_first_page.xml 파일에 XML 애셋을 만든다.

```
<vector
    xmlns:android="http://schemas.android.com/apk/res/android"
    android:height="24dp"
    android:width="24dp"
    android:viewportHeight="24"
    android:viewportWidth="24" >
```

---

1. 모핑(Morphing)은 이미지를 다른 이미지로 변화시키는 기법으로, 변화 시에 이미지의 단절이 없다는 것이 특징이다. - 옮긴이

```xml
<group
    android:name="rotation_group"
    android:pivotX="12.0"
    android:pivotY="12.0" >

    <path
        android:name="page"
        android:fillColor="#000000"
        android:pathData="@string/first_page" />
</group>
</vector>
```

3. 다시 한 번 객체 애니메이터를 만들고, 이번에는 rotation.xml을 호출한 후 다음과 같이 작성한다.

```xml
<?xml version="1.0" encoding="utf-8"?>
<set
    xmlns:android="http://schemas.android.com/apk/res/android">

    <objectAnimator
        android:duration="5000"
        android:propertyName="rotation"
        android:repeatCount="-1"
        android:valueFrom="0"
        android:valueTo="180" />

</set>
```

4. 이제 앞에서와 같이 대상을 설정해서 아이콘의 애니메이션 버전을 만들 수 있다. 이 파일은 ic_animated_page.xml이라 하고, 다음과 같이 보일 것이다.

```xml
<?xml version="1.0" encoding="utf-8"?>
<animated-vector
```

```
    xmlns:android="http://schemas.android.com/apk/res/android"
    android:drawable="@drawable/ic_first_page">

  <target
     android:name="rotation_group"
     android:animation="@animator/rotation" />

</animated-vector>
```

5. 다른 아이콘과 마찬가지로 먼저 애니메이션을 레이아웃에 추가하고, 다음과
   같이 코드에서 호출한다.

```
ImageView imagePage = (ImageView)
        findViewById(R.id.image_page);
Drawable page_drawable = imagePage.getDrawable();

if (page_drawable instanceof Animatable) {
   ((Animatable) page_drawable).start();
}
```

여기에서 가장 큰 차이는 애니메이션 유형과 상관없이 <group> 안에 <path>가 있다
는 점이다. <path>는 일반적으로 대상이 두 개 이상인 경우 사용하지만, 이 경우에는
vectorX/Y를 사용해서 회전에 대한 중심^{pivot} 점을 설정할 수 있다. X/Y확대/축소
(scaleX/Y)와 X/Y변화(translateX/Y), 회전(rotate)을 위해 같은 설정을 사용한다.

 아이콘을 투명하게 하려면 <vector>에 있는 알파(android:alpha 속성) 값을 설정
한다.

애니메이션 아이콘과 같이 간단한 그래픽 기능 테스트를 위해 프로젝트를 만드는 데
는 시간이 많이 걸린다. 지머 미러$^{Jimu\ Mirror}$는 애니메이션과 움직이는 기타 컴포넌트를

보여주는 레이아웃 미리 보기 플러그인이다. 지머 미러는 기기나 에뮬레이터에 연결하고, 정교한 핫스왑^{hot-swapping} 과정으로 몇 초 내에 레이아웃을 편집하고 테스트할 수 있다. 지머는 오픈소스가 아니지만 아주 비싸지 않고, 무료 평가판을 사용할 수 있으며, www.jimumirror.com에서 다운로드할 수 있다.

5장에서는 주로 안드로이드 스튜디오와 연관 도구를 사용해서 앱 아이콘을 쉽게 만드는 방법을 살펴봤다. 이 과정에서 일반 안드로이드 드로어블인 비트맵과 벡터 그래픽 모두를 살펴봤다. 또한 책의 앞부분에서 다른 드로어블을 간략하게 살펴봤다. 이제 드로어블에 대해 자세히 살펴봤으니 일반 드로어블을 다시 살펴보자.

▌ 일반 드로어블

앞에서 앱이나 액티비티에 어울리게 틴트로 검은색으로 아이콘 색을 바꾸는 방법을 살펴봤다.

다른 이미지로 화면의 많은 부분을 채우는 경우도 있다. 그리고 반대로 아이콘을 이미지와 어울리게 색을 바꾸고 싶을 수도 있다. 다행히 안드로이드는 비트맵에서 눈에 잘 띄는 색을 추출하는 지원 라이브러리를 제공한다.

팔레트 라이브러리

특히 앱에 어울리게 텍스트, 아이콘, 이미지를 처리할 때 사용자 정의 테마를 앱에 적용해서 아주 세련된 인터페이스를 만들 수 있다. 많은 앱이 자신만의 이미지를 사용하고, 이 경우에 디자인이 좋은지 미리 알 방법이 없다. 팔레트 지원 라이브러리^{palette support library}는 텍스트, 아이콘, 배경색을 세밀하게 조절하는 기능을 제공한다.

다음 과정은 비트맵 드로어블에서 눈에 띄는 색을 추출하는 방법을 보여준다.

1. 새 안드로이드 스튜디오 프로젝트를 시작하고, File 메뉴나 Ctrl + Alt + Shift + S를 사용해서 **프로젝트 구조**Project Structure 대화상자를 연다.

2. 앱 모듈에서 Dependency 탭을 열고 오른쪽 위쪽의 + 아이콘에서 Library dependency를 추가한 후 검색 도구를 사용해서 라이브러리를 찾는다.

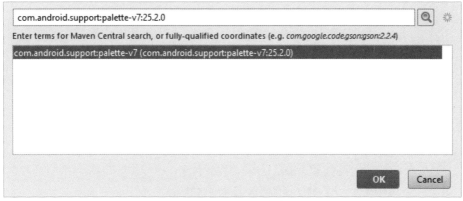

의존 라이브러리 선택 화면

3. build.gradle 파일에 다음과 같은 코드를 추가한다.

```
compile 'com.android.support:palette-v7:25.2.0'
```

4. 큰 이미지 뷰 한 개와 텍스트 뷰가 적어도 두 개 있는 레이아웃을 만든다. 두 개의 텍스트 뷰 ID는 text_view_vibrant와 text_view_muted다.

5. 메인 자바 액티비티를 열고 다음과 같은 필드를 추가한다.

```
private Palette palette;
private Bitmap bmp;
private TextView textViewVibrant;
private TextView textViewMuted;
```

6. 다음과 같이 TextView 필드와 해당 XML 뷰를 연결한다.

```
textViewVibrant = (TextView) findViewById(R.id.text_view_vibrant);
textViewMuted = (TextView) findViewById(R.id.text_view_muted);
```

7. 5번째 과정에서 선언한 비트맵을 다음과 같이 지정한다.

```
bmp = BitmapFactory.decodeResource(getResources(),
        R.drawable.color_photo);
```

8. 마지막으로 다음 코드를 추가해 이미지에서 눈에 잘 띄는 선명하고 연한 색을
추출한다.

```
// bmp 객체를 사용할 수 있는지 확인한다.
if (bmp != null && !bmp.isRecycled()) {
    palette = Palette.from(bmp).generate();

    // 스캔 실패에 대한 기본 값(검정)을 선택한다.
    int default_color=000000;

    // 발견한 색을 지정한다.
    int vibrant = palette.getVibrantColor(default_color);
     int muted = palette.getMutedColor(default_color);

    // 색을 텍스트 뷰에 지정한다.
    textViewVibrant.setBackgroundColor(vibrant);
    textViewMuted.setBackgroundColor(muted);
}
```

추출한 색

이 방법은 대개 효과적이지만 부족하다. 팔레트 라이브러리로 할 수 있는 것들이 많으므로 최대한 활용할 수 있는 몇 가지 기능을 살펴보자.

 색 추출이 언제나 성공하는 것이 아니므로 팔레트에서 default_color를 사용해야 한다. 색이 거의 없는 색 바랜 이미지나 의미 없이 불규칙한 이미지에서 종종 실패한다. 아이러니하게도 색이 과도한 그래픽이나 색이 없는 규칙적인 패턴을 가진 이미지도 종종 스캔에 실패할 수 있다.

팔레트를 추출할 때 중요한 점 한 가지는 큰 비트맵은 기기 리소스를 심각하게 소모할 수 있다는 점이다. 따라서 비트맵으로 작업하는 모든 작업은 UI(현재) 스레드에서 수행하면 안 된다. 앞의 예제는 UI 스레드에서 수행했지만, 라이브러리는 이 작업을 비동기로 수행하도록 리스너 클래스를 제공한다.

다음 예를 고려해보자.

```
Palette palette = Palette.from(bmp).generate();
```

앞의 리스너 대신 다음과 같은 리스너를 사용해서 비트맵이 만들어지면 대응한다.

```
Palette.from(bmp).generate(new PaletteAsyncListener() {
    public void onGenerated(Palette p) {
        // 팔레트를 검색한다.
    }
});
```

이 코드에서는 Palette.getVibrantColor()와 Palette.getMutedColor()를 사용해서 색을 두 개만 추출했다. 이 방법은 우리의 목적에 아주 부합하지만, 그렇지 않은 경우에는 각각 밝은 색과 어두운 색 버전이 있고, getDarkVibrantColor()나 getLightMutedColor() 같이 게터getters 메소드를 사용해서 접근할 수 있다.

팔레트 라이브러리는 분석한 이미지와 일치하는 텍스트 색을 선택하는 방법과 같은 기능을 더 많이 제공한다. 그리고 안드로이드 스튜디오만의 기능이 아니므로, 다른 IDE에서 전환한 독자도 익숙할 수 있다.

이 책에서 살펴본 안드로이드 스튜디오 기능이 레이아웃과 UI를 개발할 때 IDE가 얼마나 유용한지를 보여주지만, 이 내용은 책의 절반에 해당한다. 레이아웃이 얼마나 잘 어울리는지와 상관없이 레이아웃 뒤에 있는 로직logic이 없으면 쓸모가 없고, 이것이 안드로이드 스튜디오가 실제 시작하는 지점이다.

▌ 요약

앞의 세 개 장과 5장에서는 안드로이드 스튜디오가 다양한 기기와 폼 팩터에 대한 간단하고 직관적인 그래픽 레이아웃을 설계하고 테스트하는 방법을 살펴봤다. 안드로이드만을 위해 특별히 설계한 안드로이드 스튜디오는 시각적인 작업에서 혁신적인 설계인 컨스트레인트 레이아웃과 같은 새 디자인 기능을 최초로 통합했다.

지금까지 살펴본 장들에서는 IDE가 제공한 모든 기본 설계 고려 대상을 다뤘다. 그리고 UI 설계의 복잡한 과정을 단순화하고 명확하게 하는 다양한 기능을 소개했기를 바란다.

06

템플릿과 플러그인

개발 환경으로 안드로이드 스튜디오는 상상할 수 있는 안드로이드 앱의 모든 측면을 설계하고 개발할 수 있는 기능을 제공한다. 앞의 장들에서는 동적 레이아웃 편집기, 에뮬레이터, XML 구조와 함께 시각적인 설계 도구를 사용하는 방법을 살펴봤다. 이제 부터 IDE 내부, 코드 작성, 테스트, 세밀한 조정 과정을 단순화하고 빠르게 하는 방법을 살펴본다.

독자 대부분이 이미 전문 개발자이므로 코드 작성에 도움이 필요하지는 않을 것이다. 따라서 6장에서는 전체적으로 안드로이드 스튜디오가 개발자 코드에 대한 경험을 향상하는 방법을 살펴본다. 그리고 액티비티 템플릿과 API 예제 형태로 IDE가 제공하는 기존 코드의 다양한 예제를 살펴본다. 이 방법은 다양한 컴포넌트의 코딩 방법을 살펴보고 학습하는 방법으로, 기존 시작점을 제공해서 코딩 과정을 빠르게 하는 방법으로

유용하다. 게다가 제공된 템플릿이 충분하지 않다면 안드로이드 스튜디오는 자신의
템플릿을 만들 수 있게 도와준다.

6장에서 다루는 내용은 다음과 같다.

- 내장 프로젝트 템플릿 이해
- 구조 도구 창 접근
- UML 플러그인 설치 및 사용
- 간단한 리팩토리 적용
- 코드 템플릿 적용
- 사용자 정의 템플릿 생성
- 프로젝트 예제 사용

▌ 프로젝트 템플릿

대부분의 독자는 이미 IDE 시작 화면에서 새로운 안드로이드 프로젝트를 시작할 때마
다 프로젝트 템플릿을 봤을 것이다.

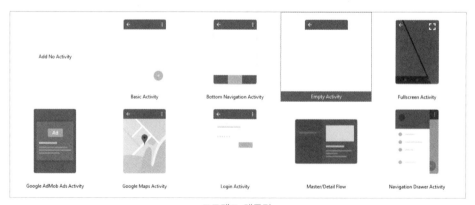

프로젝트 템플릿

빈 액티비티$^{Empty\ Activity}$ 템플릿도 거의 모든 앱에서 필수적인 파일과 약간의 코드를
제공한다. 스크린샷에서 볼 수 있듯이 많은 일반적인 앱 구조와 목적에 맞게 설계한
프로젝트 템플릿 모음이 점점 증가하고 있다.

내비게이션 드로어 템플릿

여기에서 모든 템플릿을 확인할 필요는 없다. 그러나 아주 유익한 안드로이드 스튜디
오 동작에 대한 통찰력을 제공할 수 있는 한두 개의 템플릿이 있다. 먼저 소개하는
템플릿은 가장 유용할 템플릿인 내비게이션 드로어 액티비티$^{Navigation\ Drawer\ Activity}$ 템플릿
으로, 템플릿을 그대로 실행하면 다음과 같은 출력을 볼 수 있다.

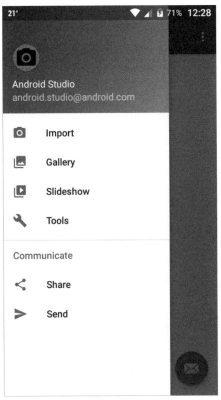

내비게이션 드로어 템플릿

스크린샷에서 알 수 있듯이 내비게이션 드로어 템플릿은 아이콘 드로어블, 메뉴, 액션 버튼 등의 공통이고 권장하는 많은 UI 컴포넌트를 제공한다. 내비게이션 드로어 템플릿의 가장 흥미로운 부분은 생성한 코드와 파일 구조로, 둘 다 모범 사례의 좋은 예다.

내비게이션 드로어 액티비티 템플릿을 사용해서 새 프로젝트를 시작하고 살펴보기 시작하면 살펴봐야 할 것 중 하나는 activity_main.xml 파일이 루트로 android.support.v4.widget.DrawerLayout을 사용했던 앞서의 다른 템플릿과 다르다는 점이다. 파일 내부에서 디자인 라이브러리의 CoordinatorLayout과 NavigationView를 볼 수 있다. 앞의 예에서와 같이 코디네이터 레이아웃은 툴바와 FAB을 포함한다. 그러나 여기서는 툴바와 FAB를 별도의 파일로 만들고 include 태그에 포함시킨다.

```
<include
    layout="@layout/app_bar_main"
    android:layout_width="match_parent"
    android:layout_height="match_parent" />
```

이 구조는 코드 이력을 더 쉽게 유지하고 향후 코드 수정을 쉽게 하는 데 도움이 된다. 알 수 있듯이 이 접근 방식은 내비게이션 바 헤더^{navigation bar header}와 메인 콘텐츠를 정의하는 데도 사용한다.

템플릿으로 생성하는 대부분의 XML은 익숙하겠지만, 설명이 필요한 한두 개의 코드가 있다. 예를 들어 content_main.xml 파일은 다음과 같은 코드를 포함한다.

```
app:layout_behavior="@string/appbar_scrolling_view_behavior"
```

이 참조 문자열은 시스템이 제공하고, AppBarLayout.ScrollingViewBehavior 클래스를 가리키고 있어서 strings.xml 파일에서는 찾을 수 없고, 클래스 객체는 툴바다.

tools:showIn="@layout/app_bar_main" 코드 줄 또한 헷갈릴 것이다. 이 코드 줄은 툴 네임스페이스의 많은 유용한 기능 중 하나로, 내비게이션 드로어를 미리 보기 편집기에 보이게 하고 그래픽 변경을 다시 보려고 할 때마다 빌드하지 않아도 된다.

많은 템플릿이 많은 양의 자바 코드를 만들기 때문에 내비게이션 드로어 액티비티 템플릿이나 다른 템플릿에서 만든 XML 리소스는 만들어진 코드의 절반이다. 어쩌면 XML보다 자바가 더 흥미로울 수 있다. MainActivity.Java 코드를 간략히 살펴보면 템플릿이 기본 내비게이션, 메뉴, 버튼 클릭을 처리하는 메소드를 설정하는 방법을 설명한다. 코드를 이해하는 데 복잡하지는 않지만, 개발자가 언제 메소드를 작성해야 하는지 알려주기에 아주 편리하다. 그리고 주석과 플레이스홀더placeholders는 리소스를 대체하고 코드 추가를 아주 간단하게 해준다.

구조 탐색기

이 방법으로 코드를 살펴보는 것도 좋지만, 일부 개발자는 클래스 구조와 콘텐츠를 빠르고 자연스럽게 보길 원한다. 안드로이드 스튜디오는 프로젝트 탐색기 바 또는 Alt +7 키를 이용해 **구조 도구 창**Structure Tool window의 형태로 자바 클래스의 구조와 내부 동작을 도식화한 창을 제공한다.

구조(Alt + 7) 도구 창

클래스가 많은 프로젝트를 다룰 때 구조 도구는 클래스 개요를 유지하는 아주 유용한 방법이다. 그리고 큰 클래스를 다룰 때 항목을 선택하면 코드 편집기에서 해당 텍스트를 강조 표시한다.

 TIP 구조 탐색기(structure explorer)에서 항목을 선택할 때 F4 키를 누르면 텍스트가 있는 위치로 코드 편집기가 이동한다.

구조 창^{Structure pane}의 맨 위에 있는 툴바를 사용하면 메소드의 정의 유형에 따라 메소드를 보여주는 몇 가지 아주 편리한 필터를 사용할 수 있다. 그리고 속성과 필드를 보여줄지 여부 같은 수준의 세부 정보도 제공한다.

이 관점에서 어떤 클래스를 보는 것은 유용하지만, 또 다른 관점에서 클래스 구조를 보기 원하는 경우가 종종 있다. 물론 더 자세히 검사할 수 있는 플러그인이 있다.

클래스 검사 플러그인

클래스나 클래스 그룹을 시각화해서 특정 기능이나 속성을 쉽게 따르거나 강조 표시할 수 있는 여러 방법이 있다. 확인하고 테스트한 시각적 프로그래밍 도구는 UML^{Universal Modeling Language}이다. UML은 개발자가 디자인 패턴으로 작업하는 경우 특히 더 유용하다.

기본적인 UML에서 정교한 UML 클래스 다이어그램 플러그인까지 다양한 플러그인이 있다. 간단한 UML 도구가 필요하면 `simpleUMLCE` 젯브레인 플러그인이 있고, 다음과 같은 링크에서 다운로드할 수 있다.

plugins.jetbrains.com/plugin/4946-simpleumlce

플러그인을 처음 사용하는 경우 다음과 같은 간단한 과정을 따라 UML 플러그인을 설치하고 사용한다.

1. 앞의 링크에서 플러그인을 다운로드한다.

2. 안드로이드 스튜디오의 File ❯ Settings 메뉴에서 Plugins 대화상자를 연다.

3. Install plugin from disk... 버튼을 사용해서 플러그인을 설치한다.

플러그인 대화상자

플러그인을 사용하려면 IDE를 다시 시작해야 한다. 프로젝트 탐색기에서 패키지나 클래스에서 마우스 오른쪽 버튼을 클릭하고 나타나는 메뉴에서 Add to simpleUML Diagram ❯ New Diagram...을 선택한다. 플러그인은 왼쪽 거터에 탭을 추가할 것이고, 도구 영역에 열릴 것이다. 다음 스크린샷에서 보여준다.

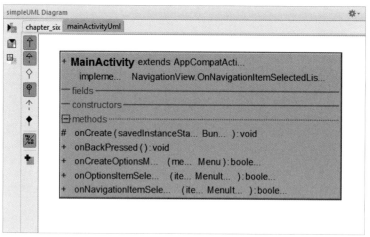

simpleUML 다이어그램 도구

6장에서 사용한 내비게이션 드로어 예제에서 사용한 액티비티 클래스 코드를 다이어 그램으로 보여주는 것만으로 simpleUML의 장점을 보여주기에는 너무 간단하다. simpleUML로 많은 필드와 의존성을 가진 복잡한 클래스를 적용한다면 다이어그램의 장점은 명확할 것이다.

다이어그램을 이미지로 저장할 수 있고, 창의 툴바에서 다양한 관점으로 보여줄 수 있다.

대부분의 안드로이드 스튜디오 플러그인은 거터에 탭을 추가한다. 일반적으로 왼쪽 거터 위쪽에 위치한다. 탭으로 추가된 플러그인이 종종 작업 환경 설정에 방해가 될 수 있다. 다행히 플러그인 탭은 원하는 위치로 드래그앤드롭해서 간단히 재배치할 수 있다.

대부분 개발자에게는 simpleUML과 같은 간단한 UML 도구로도 충분하다. 그러나 정교한 도구를 원한다면 코드 아이리스[Code Iris]가 적합할 플러그인일 것이다.

코드 아이리스는 플러그인 저장소에서 검색해 찾을 수 있으므로, 다운로드할 필요는 없다. 하지만 IDE를 재시작해야만 코드 아이리스를 사용할 수 있다. 저장소는 앞의 플러그인과 같이 설정 대화상자의 플러그인 창에서 접근할 수 있지만, Browse repositories... 버튼을 클릭해서 접근할 수도 있다.

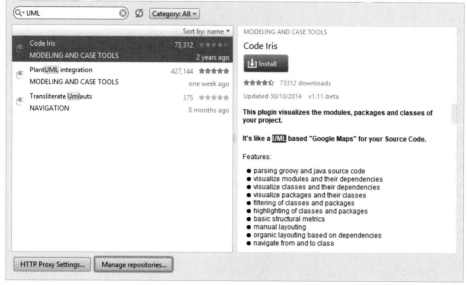

저장소 탐색 대화상자

plugins.jetbrains.com/plugin/7324-code-iris에서 확인할 수 있는 프로젝트 웹 페이지의 설명을 간략하게 살펴보면 코드 아이리스가 클래스 다이어그램을 작성하는 것보다 더 많은 것을 할 수 있고, 일반적인 시각화 도구 이상이라고 간주해야 한다. 이 도구는 소스코드에서 UML을 기반으로 찾아가는 구글 맵으로 묘사할 수 있고, 개인 사용자에게 유용한 도구이고, 게다가 팀 간의 훌륭한 의사소통 도구다. 그리고 다른 도구보다 전체 프로젝트를 그래픽으로 보여주는 데 더 적합하다.

TIP

Manage repositories... 버튼을 클릭해서 관련 URL을 결과 대화상자에 붙여 넣기 함으로써 저장소 브라우저에서 서드파티 플러그인 저장소를 사용할 수 있다.

코드 시각화는 도구 창을 열고 Create / Update Diagram 버튼을 선택하거나 개별 모듈, 패키지, 클래스 항목의 프로젝트 탐색기에서 만들 수 있다.

코드 아이리스의 장점은 프로젝트 규모에 상관없이 시각화할 수 있고, 뷰 슬라이더를 사용해서 빠르게 전환할 수 있다는 점이다. 필터와 유기적 레이아웃^{organic layouting}이라는 자동 정렬 알고리즘을 함께 사용해서 적절하고 이해하기 쉬운 시각화를 빠르게 만들 수 있다.

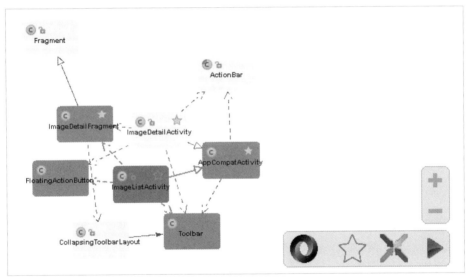

코드 아이리스 시각화

유기적 레이아웃이라는 생물학적 표현과 사용 빈도가 낮은 용어지만, 유기적 레이아웃 도구는 실제로 아주 똑똑하고 유용하며 좋아 보인다. (재생 버튼을 사용해서) 스위치를 켜면 관심도에 따라 다이어그램이 동적으로 정렬되고 원하는 클래스를 선택하기만 하면 된다. 문서화가 안 된 코드로 작업해야 하는 경우에 이 도구를 사용하면 이해하는 데 시간을 줄일 수 있다.

여기에서 소개한 두 개의 플러그인만이 사용할 수 있는 유일한 검사 및 시각화 도구는 아니다. 인터넷에서 검색하면 더 많은 도구를 발견할 수 있다. 여기에서 선택한 두 가지 플러그인은 검사 및 시각화 형태의 도구를 보여주기 때문에 선택했다.

여기에서 살펴본 내비게이션 드로어 템플릿은 아주 흔한 컴포넌트를 여러 개 포함하고 있으며 아주 유용하다. 게다가 이해하기 아주 쉽다. 또 다른 유용한 프로젝트 템플릿으로 마스터/디테일 플로우^{Mater/Detail Flow} 템플릿이 있다.

마스터/디테일 플로우 템플릿

마스터/디테일 UI는 화면의 현재 너비에 따라 목록과 목록의 항목을 개별적으로 또는 나란히 보여줌으로써 공간을 최대한 활용할 수 있으므로, 모바일 기기에서 종종 볼수 있다. 결과적으로 핸드폰의 세로 방향에서는 단일 창으로 목록과 목록의 항목을 보여준다. 그러나 가로 모드나 태블릿 같은 화면이 큰 기기에서는 두 개의 창을 나란히 보여준다.

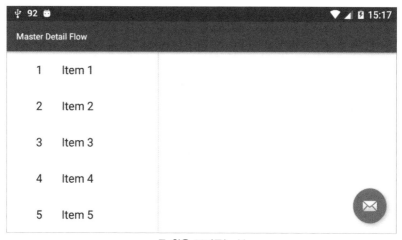

두 창을 보여주는 뷰

앞의 스크린샷은 가로 모드의 기기에서 수정하지 않은 마스터/디테일 플로우 프로젝트 템플릿으로 두 개의 창을 보여준다. 앞에서 두 개의 창은 핸드폰의 가로 모드에서 볼 수 있다고 했다. 많은 핸드폰에서 이 기능을 확인해 본 결과, 사실이 아님을 알 것이다. 기본적으로 템플릿은 화면의 가장 긴 면이 900dp보다 큰 화면에 두 개의 창을 보여준다. 이것은 /res/layout-w900dp 디렉터리가 있다는 것으로 추측할 수 있다.

화면이 작은 기기에서 두 개의 창을 사용하려면 /res/layout-w900dp 폴더 이름만 변경하면 된다. 변경 작업은 파일 탐색기를 사용할 수 있지만, 안드로이드 스튜디오가 제공하는 정교한 미리 보기 창과 함께 강력한 리팩토링 시스템이 있다. 이 경우에는 리팩토링 시스템이 필요하지 않지만, 참조를 검색해서 이름을 변경할 때 아주 유용할 것이다.

 이름 변경(Rename) 대화상자는 Shift + F6를 눌러 직접 열 수 있다.

물론 내비게이션 바나 프로젝트 탐색기에서 layout-w900dp 폴더에 접근하려면 실패할 것이다. 이 폴더에 접근하려면 탐색기에서 안드로이드 탭을 프로젝트 탭으로 전환한다. 이제 디스크에 있는 프로젝트가 그대로 보인다.

코드를 간단히 살펴보면 DummyContent라는 자바 클래스를 볼 수 있다. 이 방법이 리팩토링을 간단하게 만들어주지만, 게시 전에 DummyContent 클래스를 삭제해야 한다는 TODO 알림이 있다. DummyContent의 목적은 콘텐츠 정의 방법을 보여주기 위한 것이다. 개발자가 해야 할 일은 자신의 템플릿에 적용하는 플레이스홀더 배열을 자신의 배열로 교체하는 것이다. 물론 이것은 비디오나 웹 뷰와 같이 개발자가 선택한 특정 형태가 될 수 있다.

기존 프로젝트 코드로 시작하는 것은 아주 유용하고 많은 시간을 절약할 수 있다. 그러나 목적에 맞는 구조로 프로젝트를 시작하기 원하는 경우가 많다. 이 구조는 IDE가 제공하는 구조가 아닐 것이다. 그러나 이 상황에서도 언제든지 코드 템플릿을 사용할 수 있고, 자신의 템플릿을 만들어서 해결할 수 있다.

▍ 사용자 정의 템플릿

이미 검토한 템플릿 중 하나를 사용해서 프로젝트를 개발하고 있지만, 로그인 액티비티가 필요하다고 가정해보자. 다행히 IDE에서 이미 시작한 프로젝트를 사용해서 쉽게 관리할 수 있다.

새 프로젝트를 시작할 때 보여주는 프로젝트 템플릿 화면이 언제나 사용할 수 있는지 분명하지 않다. 프로젝트 탐색기 컨텍스트 메뉴에서 New ❭ Activity ❭ Gallery...를 선택하고, 원하는 액티비티를 선택한다. 앞에서 봤던 화면과 비슷한 사용자 정의 화면을 보여주지만, 부모^{Hierarchical Parent}와 패키지^{Package} 이름을 선택하는 옵션을 제공해서 원하는 만큼 템플릿을 사용할 수 있다.

 액티비티 갤러리를 열면 갤러리를 열지 않아도 액티비티를 직접 선택할 수 있음을 알 것이다.

같은 메뉴로 템플릿을 만들고 저장할 수 있으므로, 이 방법이 전부는 아니다. 소스코드 폴더의 컨텍스트 메뉴를 열고 New ❭ Edit File Templates...를 선택해서 다음과 같은 대화상자를 연다.

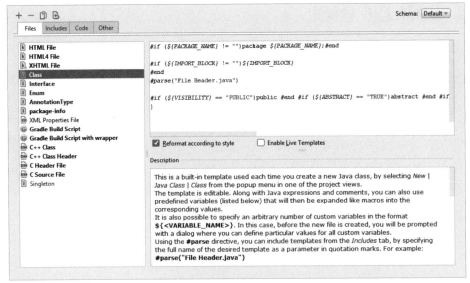

템플릿 편집 마법사

스크린샷에서 알 수 있듯이 3개의 다른 탭뿐 아니라 사용할 수 있는 여러 파일 템플릿이 있다. Includes 탭은 파일 헤더를 제공하고, Code 탭은 테스트 중에 유용하게 사용할 수 있는 코드 조각을 포함한다. Other 탭은 액티비티, 프래그먼트, 매니페스트, 레이아웃 및 리소스 같이 큰 앱 컴포넌트에 대한 템플릿을 제공한다.

왼쪽 위의 + 아이콘을 사용해서 자체 템플릿을 만들 수 있다(처음 두 탭만 가능). 간단하게 제공된 창에 코드를 붙여넣기만 하면 된다. 이름을 정하고 저장하면 File ▶ New 메뉴나 프로젝트 탐색기 디렉터리에 직접 보여준다.

내장 템플릿 일부를 간략하게 살펴보면 ${VARIABLE} 형태로 플레이스홀더 변수를 사용하는 것을 알 수 있다. 사용자 정의 템플릿을 유용하고 유연한 도구로 만드는 것이 플레이스홀더다.

변수가 동작하는 방법을 살펴보는 가장 쉬운 방법은 기존 템플릿 하나를 사용해서 플레이스 홀더의 구현 방법을 살펴보는 것이다. 다음 예제에서 간략하게 살펴본다.

1. 앞에서 설명한 것과 같이 Edit File Templates 마법사를 연다.

2. Other 탭에서 Activity.java 항목의 코드를 복사한다.

3. + 버튼을 클릭해서 새 템플릿을 만들고, 이름을 지정하고, 복사한 코드를 템플릿 코드 영역에 붙여 넣는다.

4. 원하는 대로 코드를 편집하고, 다음과 같은 코드로 사용자 정의 변수를 포함시킨다.

```java
package ${PACKAGE_NAME};

import android.app.Activity;
import android.os.Bundle;

#parse("File Header.java")
public class ${NAME} extends Activity {

    public String ${USER_NAME}

    @Override
    public void onCreate(Bundle savedInstanceState) {
        super.onCreate(savedInstanceState);
    }
}
```

5. OK 버튼을 클릭해서 템플릿을 저장하면 New 메뉴에 저장한 템플릿이 보일 것이다.

6. 이제 템플릿으로 만들 때마다 안드로이드 스튜디오는 템플릿 플레이스홀더에 정의한 변수를 입력하게 보여줄 것이다.

템플릿으로 클래스 생성

모든 개발자는 반복적으로 사용하는 코드가 있다. 다른 IDE도 코드 템플릿을 제공하지만 안드로이드 스튜디오는 쉽게 만들게 도와주고, 많은 내장 템플릿을 제공하므로 가장 많은 시간을 절약해준다.

서드파티 템플릿

다음으로 넘어가기 전에 서드파티 템플릿third-party templates이라는 미리 준비된 템플릿에 접근하는 방법을 간단히 살펴볼 필요가 있다. 웹에서 빠르게 검색할 수 있는 많은 템플릿이 있다. 최고의 템플릿 중 대부분은 무료 사용 기간을 제공하지만, 불행히도 유료다.

소프트스트라이브Softstribe와 엔바토Envato 같은 사이트는 라디오 스트리밍, 식당 예약, 도시 안내 같은 다양한 유형의 앱을 위해 잘 개발한 템플릿을 제공한다. 이 템플릿 대부분은 거의 개발을 완료한 앱으로, 약간의 구성과 사용자 정의 작업만 수행하면 된다. 이 접근 방식은 숙련된 개발자에게 적합하지 않지만, 속도가 가장 중요하고 예산이 넉넉하다면 이런 서비스가 프로젝트를 빠르게 완료할 수 있는 강력한 지름길을 제공한다.

미리 준비된 코드 제공에 대해 안드로이드 스튜디오의 템플릿만이 시간을 절약하는 기능은 아니고, IDE에서 사용할 수 있는 많은 예제 프로젝트를 알게 될 것이다.

▌ 프로젝트 샘플

샘플 브라우저^{sample browser}에서 IDE의 샘플에 접근할 수 있더라도 프로젝트를 시작할 때 샘플 중 하나를 여는 것이 일반적이다. 첫 화면에서 Import an Android code sample을 사용해 샘플을 열 수 있다. 샘플에는 수백 가지가 있고(온라인에는 더 많다), 샘플 브라우저에서는 카테고리로 분류돼 있다.

템플릿처럼 샘플도 큰 프로젝트의 출발점으로 사용할 수 있지만, 숙련된 개발자가 작성했으므로, 샘플 자체로 교육용뿐 아니라 모범 사례가 된다.

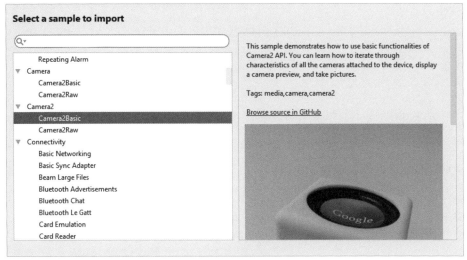

샘플 브라우저

앞의 샘플 브라우저에서 볼 수 있듯이 샘플은 브라우저에서 다운로드할 수 있고, 깃허브에서도 확인할 수 있다. 이미 알고 있듯이 깃허브는 모든 종류의 개발자가 엄청나게 사용하는 훌륭한 코드 저장소이고, 샘플 브라우저에서 볼 수 있는 모든 샘플이 있다. 여기에는 수천 개의 안드로이드 프로젝트, 라이브러리, 플러그인 등이 있다. 샘플 관점에서 샘플을 다운로드하고 빌드할지 결정하기 전에 코드를 살펴볼 수 있어서 시간을 많이 절약할 수 있다.

Camera2 샘플은 많은 개발자가 이전에 확인해보지 않은 API이므로, 살펴보면 도움이 될 수 있다. 샘플이 많고, 모두 유용하다. 샘플을 선택할 때는 다음과 같은 두 가지 점을 고려한다.

- 대개 카메라 기능은 자체 앱에서 네이티브 앱(또는 사용자가 설치한 앱)을 호출해서 간단하게 접근할 수 있다.
- Camera2 API는 API 수준 20 이하에서 실행하는 기기와 호환되지 않는다. 다른 API와 달리 Camera2는 외에는 이전 버전과 호환되는 편한 라이브러리가 없다.

이런 점들이 있지만 이미지와 비디오 캡처를 주로 다루는 앱을 계획하는 경우 모든 기능을 직접 개발해야 한다. 하지만 이런 샘플이 아주 유용할 수 있다. Camera2Basic 샘플이 가장 먼저 살펴볼 수 있는 샘플일 것이다.

이 샘플은 3개의 클래스와 가로 세로 방향 모두를 다루는 간단한 레이아웃 구조만 포함한다. 클래스는 기본 시작 액티비티, 실행 중인 기기에 따라 캡처할 영역의 크기를 변경할 수 있는 확장된 TextureView, 그리고 대부분 작업은 프래그먼트에서 수행한다. 모든 클래스는 주석에 잘 설명돼 있어서 따로 설명이 필요하지 않고, 클래스 동작을 이해하는 데 코드를 간략히 실행해보는 것으로 충분하다. 다른 예제와 마찬가지로 Camera2Basic은 더 수정하지 않고도 빌드할 수 있다.

Camera2Basic 샘플

저장소의 모든 샘플은 선택한 프로젝트에 따라 똑같이 유용하고, 샘플 모두 잘 작성됐고 유익하다.

깃허브의 가장 유용한 속성 중 하나가 사용할 수 있는 수많은 서드파티 라이브러리가 있다는 것이다. 그래들 빌드 과정을 자세히 살펴보면 안드로이드 스튜디오가 의존 라이브러리를 포함하는 방법을 알 수 있다.

샘플들이 깃허브에서 사용할 수 있는 유일한 도구가 아니고, 깃허브는 이런 도구의 유일한 출처가 아니다. UI 개발에서 코딩으로 넘어가면서 안드로이드 스튜디오에서 사용할 수 있는 또 다른 서드파티 플러그인을 살펴보기에 적당하다.

▌ 서드파티 플러그인

사용할 수 있는 서드파티 플러그인이 점점 증가하고 있고, 적당한 샘플을 선택하는 것이 어렵다. 다음 절에서는 범용으로 선택한 작은 플러그인 모음을 살펴본다.

ADB 와이파이

ADB 와이파이 플러그인은 젯브레인 플러그인으로, Settings 대화상자의 Plugins 화면에서 Browse Repositories... 버튼을 사용해 찾을 수 있다.

플러그인 대화상자

ADB 와이파이 플러그인을 사용하면 공유 와이파이에 연결해서 앱을 디버깅할 수 있다. 간단하게 USB 케이블을 사용하지 않아도 되고, 호스트 머신 연결을 제한하지 않고 많은 기기의 센서를 실시간으로 디버깅할 수 있으므로 편리하다.

특히 호스트 기기가 이미 와이파이 연결을 공유하고 있고 기기를 이전에 디버깅하는데 사용한 적이 있다면 ADB 와이파이 설정과 사용은 아주 간단하다.

대부분 플러그인이 ADB 와이파이보다 훨씬 복잡하고, 많은 플러그인이 인공지능[AI, Artificial Intelligence] 같은 아주 정교한 기술을 사용한다.

코도타

최근 인공지능 성과에 대한 많은 논의가 있으며 이런 주장이 지나치게 과장돼 있지만 유용하게 사용할 수 있는 AI 예제가 있는데, 코도타[Codota]가 이런 예제 프로젝트 중 하나다.

많은 개발자가 코도타를 온라인 검색 도구나 브라우저를 확장한 것으로 알고 있다. 이 도구가 유용하기에 실제로 IDE 플러그인으로 제공한다. 코도타는 **코드브레인**CodeBrain이라는 똑똑하고 발전한 AI 시스템을 사용한다. 이 코드는 예제 중심 프로그래밍Example-Centric Programming이라는 새 프로그래밍의 형태를 기반으로 한다.

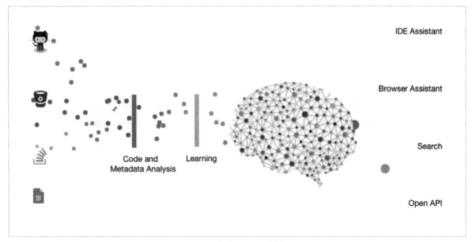

코도타의 코드브레인

기술적으로 코도타 플러그인은 개별 설치하고 IDE에 연결하지 않은 창에서 실행하기 때문에 실제로는 플러그인이 아니다. 코도타 플러그인은 개별 환경이 아니라 자바 IDE에서 동작하기 때문이다. 여기에는 몇 가지 장점이 있고, 그중 하나가 안드로이드 전용이 아니라 자바 플러그인이라는 점이다. 즉, 모든 안드로이드 스튜디오 버전에서 실행하고 (일부 플러그인과 다르게) 업데이트를 기다릴 필요가 없다.

안드로이드 스튜디오 코도타 플러그인은 개별 앱으로 실행하고, 이것이 장점이다. 코도타 플러그인을 켜면 아주 똑똑하다(알고리즘에 따르면 더 똑똑해진다). 이 소프트웨어는 똑똑한 코딩 보조원이라 하고 잘 동작한다. 그리고 이 도구의 통찰력에 감탄할 것이다. 자주는 아니지만 코도타는 몇 가지 단점이 있다. 하지만 스택오버플로나 깃허브를 비롯해서 다양한 온라인 소스는 항상 유용하다.

일단 다운로드해서 열고 관심 있는 코드를 클릭해서 IDE를 열면 코도타는 질문에 대해 아주 멋진 답변을 제공할 것이다. 아주 똑똑하지는 않지만, 지식이 풍부하고 몇 초 내로 온라인 코드를 검색할 수 있는 비서가 있다고 상상해보자. 이 비서가 코도타이고, 브라우저 확장, 검색 도구, IDE 플러그인의 어떤 형태이든지 유용한 코딩 보조의 하나다.

▌ 요약

6장에서는 코드 개발 과정을 도와주는 두 가지 접근 방법인 기존 코드와 보조 플러그인 및 애드온add-ons 기능을 살펴봤다. 템플릿을 사용하면 빠르게 프로젝트를 시작할 수 있다. 그리고 클래스 검사 플러그인class inspection plugins을 사용하면 많은 양의 코드를 신경 쓰지 않고도 더 큰 템플릿을 쉽게 이해할 수 있다.

6장에서 살펴본 플러그인은 앱 개발을 쉽고 흥미롭게 하는 몇 가지 방법을 제공했다. 물론 훌륭한 도구가 많다. 그리고 코딩은 지속적으로 단조로워지고 창조적으로 변해 가고 있다.

6장에서 자바로 프로그래밍하는 데 중점을 두지만, 모든 개발자가 자바를 사용하는 것은 아니다. 안드로이드 스튜디오는 C++와 코틀린(자바 코드와 함께 사용할 수 있다) 둘 다 지원한다.

7장에서는 다른 언어를 지원하는 방법과 전통적인 개발자가 익숙하지 않은 기술인 안드로이드 띵스Android Things를 살펴본다. 다행히도 안드로이드 스튜디오는 단일 보드 컴퓨터용 개발을 다른 안드로이드 앱 개발과 아주 비슷하게 만드는 도구를 제공한다.

07

언어 지원

IDE가 필수 도구로 인정을 받으려면 기본 기능(코드 작성/컴파일/디버깅 등)에 더불어 추가 기능을 제공해야 한다. 그리고 다양한 언어와 사상을 배경으로 하는 개발자들도 사용할 수 있어야 한다. 예를 들면 많은 개발자가 객체지향 방법론을 선호하지만, 다른 개발자는 함수형 기반 방법론을 선호한다. 그리고 많은 잠재적인 프로젝트가 객체지향이나 함수형 형태 중 하나를 선택할 것이다.

안드로이드 스튜디오 3는 C++ 및 코틀린Kotlin 모두에 대해 완전한 언어를 지원하며, C++, 코틀린 둘 다 완벽히 지원함으로써 프로젝트의 요구에 따라 개발자가 빠르게 개발하고 가능성에 집중하게 한다.

안드로이드 스튜디오는 C++, 코틀린 언어 지원에 더불어 다양한 폼 팩터에 어울리는 앱을 쉽게 개발하게 해준다. 이미 안드로이드 웨어와 안드로이드 오토에 익숙할 것이고, 최근에는 안드로이드 띵스^{Android Things}도 지원한다.

7장에서는 C++, 코틀린 언어 지원에 관련된 내용과 기존 폼 팩터에 더불어 새 폼 팩터인 사물 인터넷^{IoT, Internet of Things}을 살펴본다.

7장에서 다루는 내용은 다음과 같다.

- 코틀린 언어 지원
- 자바에 코틀린 통합
- 코틀린 확장 적용
- 네이티브 컴포넌트 설정
- 프로젝트에 C/C++ 코드 사용
- 안드로이드 띵스 프로젝트 만들기

▌코틀린 지원

모바일 앱 시대가 시작된 이래로 소프트웨어 개발에 큰 변화가 한 번 이상 있었고, 안드로이드 프레임워크는 이 변화를 쉽게 받아들였다. 많은 개발자가 비교적 쉽게 개발할 수 있는 자바를 선호하지만, C++의 빠른 속도가 필요한 경우가 항상 있을 것이다. 자바는 몇 십 년 동안 모바일 기기에서 사용하고 있다. 모바일 개발을 크게 고려한 자바와 같은 고수준 언어가 있으면 좋지 않을까?

다행히 러시아의 젯브레인 팀이 안드로이드 개발자의 요구에 더 적합하고, 자바 가상 머신에서 자바와 함께 동작하는 언어인 코틀린을 만들었다. 코틀린은 자바와 완벽(100%)하게 상호 동작한다. 따라서 한 프로젝트에서 자바와 코틀린 파일을 함께 사용할 수 있고, 이 두 파일은 컴파일된다. 더불어 기존 자바 프레임워크와 라이브러리를 코틀린에서 계속 사용할 수 있다.

안드로이드 3.0 이전에서는 코틀린을 플러그인으로 설치해 사용할 수 있었지만, 안드로이드 3.0에서는 IDE에 완전히 통합해 공식 개발 언어로 지원한다. IDE에는 코틀린으로 작성한 예제와 마법사 템플릿이 모두 포함돼 있다.

프로젝트 설정 마법사에서 코틀린 지원 추가

새 프로그래밍 언어를 배우는 것이 아주 즐거운 일은 아니고, 코틀린도 예외는 아니다. 하지만 한 번에 언어를 바꾸지 않아도 된다는 점에서 덜 힘들 것이고, 코틀린을 선택하면 점진적으로 코틀린을 소개할 수 있다.

대부분 오랜 기간 자바로 개발했고, 변경할 이유가 없을 것이다. 자바는 완벽히 아주 잘 동작했고, 다년간의 경험으로 매우 빠르게 개발할 수 있다. 게다가 인터넷에는 고품질의 오픈소스, 코드 저장소가 많아 새로운 기술을 연구하고 배우는 것이 자바 개발자에게 아주 매력적이다.

코틀린으로 안드로이드를 개발하는 것이 필수는 아니지만, 많은 개발자가 코틀린이 안드로이드 앱 개발의 미래라고 생각하는 이유를 살펴볼 필요가 있다.

코틀린의 장점

구글의 지원과 함께 코틀린을 고려해야 하는 여러 가지 이유가 있다. 그중 하나는 컴파일러가 객체 참조에 널^{Null} 값을 할당하지 않아서 NPE$^{Null\ Pointer\ Exception}$ 예외를 제거할 수 있다는 점이다. 또 다른 흥미로운 기능으로 상속보다는 컴포지션 권장, 스마트 캐스팅$^{smart\ casting}$[1], 그리고 데이터 클래스를 생성하는 기능이 있다.

이런 혁신이 제공하는 장점이 어느 정도인지 확인하는 가장 좋은 방법은 혁신에 대해 살펴보는 것이다.

앞 절의 화면에서 보여주듯이 템플릿 마법사에서 직접 코틀린을 포함시킬 수 있다. 그리고 New 메뉴에서 파일이나 클래스를 추가하는 방법처럼 기존 프로젝트에도 코틀린을 추가할 수 있다.

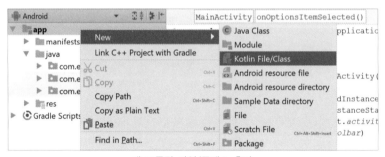

새 코틀린 파일/클래스 추가

코틀린 파일을 추가하면 IDE가 그래들에 코틀린을 자동으로 구성할 것이다. 이 구성은 최상위 build.gradle 파일을 다음과 같이 수정한다.

---

1. 특정 객체의 타입을 확인하면 명시적으로 캐스팅을 하지 않아도 이 타입의 데이터와 메소드에 접근할 수 있다. 다음 코드에서와 같이 obj를 String 타입으로 캐스팅하지 않아도 String 타입의 메소드인 length()에 접근할 수 있다. — 옮긴이

   ```
   if (obj is String) {
       print(obj.length())
   }
   ```

```
buildscript {
    ext.kotlin_version = '1.1.3-2'

    repositories {
        google( )
        jcenter( )
    }

    dependencies {
        classpath 'com.android.tools.build:gradle:3.0.0-alpha9'
        classpath "org.jetbrains.kotlin:kotlin-gradle-plugin:
            $kotlin_version"
    }
}

allprojects {
    repositories {
        google( )
        jcenter( )
    }
}

task clean(type: Delete) {
    delete rootProject.buildDir
}
```

 안드로이드 앱 개발에 코틀린을 사용하더라도 오버헤드가 발생하지는 않는다. 일단 컴파일이 끝나면 코틀린 코드가 자바보다 느리지 않고, 메모리를 더 많이 사용하지도 않는다.

이 방법으로 코틀린 클래스나 파일을 추가하는 것은 매우 유용하지만, 코틀린 액티비티나 프래그먼트를 템플릿에서 추가하는 것은 어떨까? 자바 개발자는 템플릿으로 액티비티나 프래그먼트를 추가하는 간단한 대화상자 구성에 익숙할 것이다. 다행히 코틀린 액티비티 설정도 다르지 않고, 액티비티 설정 대화상자에서 소스 언어를 알맞게 선택할 수 있다.

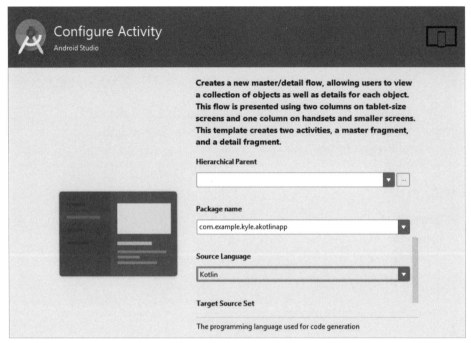

소스 언어 선택

이전과 마찬가지로 코틀린 코드가 일반 자바 액티비티/프래그먼트와 비교해서 얼마나 간결하고 가독성이 좋은지 알 수 있다.

```
class ItemDetailFragment : Fragment() {

    private var mItem: DummyContent.DummyItem? = null

    public override fun onCreate(savedInstanceState: Bundle?) {
        super.onCreate(savedInstanceState)

        if (getArguments().containsKey(ARG_ITEM_ID)) {
            mItem = DummyContent.ITEM_MAP.get(getArguments()
```

```kotlin
                    .getString(ARG_ITEM_ID))

            val activity = this.getActivity()
            val appBarLayout = activity.findViewById<View>(
                    R.id.toolbar_layout) as CollapsingToolbarLayout

            if (appBarLayout != null) {
                appBarLayout!!.setTitle(mItem!!.content)
            }
        }
    }

    public override fun onCreateView(inflater: LayoutInflater?, container:
            ViewGroup?, savedInstanceState: Bundle?): View? {
        val rootView = inflater!!.inflate(R.layout.item_detail,
                container, false)

        if (mItem != null) {
            (rootView.findViewById(R.id.item_detail) as
                    TextView).setText(mItem!!.details)
        }

        return rootView
    }

    companion object {
        val ARG_ITEM_ID = "item_id"
    }
}
```

이 코드에서 다음 절에 코틀린 확장을 사용해서 findViewById() 호출을 제거할 수 있고, 확장 기능을 사용해서 더 간결한 코드를 작성할 수도 있다.

여러 언어를 사용하는mixing-and-matching 방법은 기존 앱에 적용하고 업데이트하는 데 매우 유용할 수 있지만, 코틀린만으로도 전체 프로젝트를 작성할 수 있다. 코틀린의 가장 매력적인 기능은 아마도 간결함일 것이다. 자바와 코틀린 프로젝트를 처음부터 시작해서 코드를 작성해보면 쉽게 알 수 있다. 다음과 같은 onCreate( ) 메소드는 내비게이션 드로어^{Navigation Drawer} 템플릿 코드다.

```java
@Override
protected void onCreate(Bundle savedInstanceState) {
    super.onCreate(savedInstanceState);
    setContentView(R.layout.activity_main);
    Toolbar toolbar = (Toolbar) findViewById(R.id.toolbar);
    setSupportActionBar(toolbar);

    FloatingActionButton fab = (FloatingActionButton)
            findViewById(R.id.fab);
    fab.setOnClickListener(new View.OnClickListener() {
        @Override
        public void onClick(View view) {
            Snackbar.make(view, "Replace with your own action",
                    Snackbar.LENGTH_LONG).setAction("Action", null).show();
        }
    });
    DrawerLayout drawer = (DrawerLayout)
            findViewById(R.id.drawer_layout);

    ActionBarDrawerToggle toggle = new ActionBarDrawerToggle(this, drawer,
            toolbar, R.string.navigation_drawer_open,
            R.string.navigation_drawer_close);

    drawer.addDrawerListener(toggle);
    toggle.syncState();

    NavigationView navigationView = (NavigationView)
            findViewById(R.id.nav_view);
    navigationView.setNavigationItemSelectedListener(this);
}
```

다음은 앞 자바 코드의 코틀린 버전이다.

```
override fun onCreate(savedInstanceState: Bundle?) {
    super.onCreate(savedInstanceState)
    setContentView (R.layout.activity_main)
    setSupportActionBar (toolbar)

    fab.setOnClickListener { view ->
        Snackbar.make(view, "Replace with your own action",
                Snackbar.LENGTH_LONG)
                .setAction("Action", null).show()
    }

    val toggle = ActionBarDrawerToggle(
            this, drawer_layout, toolbar,
            R.string.navigation_drawer_open,
            R.string.navigation_drawer_close)
    drawer_layout.addDrawerListener(toggle)
    toggle.syncState()

    nav_view.setNavigationItemSelectedListener(this)
}
```

코드 구문 간소화는 모든 개발자가 환영할 것이다. 구문의 간소화가 코틀린을 사용하는 유일한 장점은 아니다.

코틀린 확장

강력한 프로그래밍 패러다임에서 예상할 수 있듯이 플러그인으로 확장해서 유용성을 더 높일 수 있다.

안드로이드 개발자는 모두 findViewById()를 너무 많이 작성할 것이다. 또한 정적 타이핑static typing이 얼마나 에러를 잘 내는지 알 것이다.

코틀린 확장은 모듈의 build.gradle 파일에서 볼 수 있듯이 프로젝트 설정 과정에서 코틀린 지원을 활성화한 경우 기본으로 포함한다.

```
apply plugin: 'com.android.application'

apply plugin: 'kotlin-android'

apply plugin: 'kotlin-android-extensions'
```

확장 기능을 사용하려면 해당 액티비티나 프래그먼트에서 필요한 클래스를 선언해야 한다. 시스템 설정에서 필요한 클래스를 자동으로 선언하게 설정했을 가능성이 크다. 그다음으로 필요한 것은 XML을 사용해서 일반적인 방법으로 뷰를 만드는 것이다.

```
<TextView
    android:id="@+id/text_view"
    . . . />
```

이제 텍스트 뷰 위젯에 값을 설정하는 데는 다음과 같은 한 줄의 코드가 필요하다.

```
text_view.setText("Some text")
```

필요한 클래스를 자동으로 선언하게 설정했는지 여부와 상관없이 선언 형태를 아는 것이 유용하다. 다음의 예를 살펴보자.

```
import kotlinx.android.synthetic.main.some_layout.*
```

 다음과 같이 전체 레이아웃이 아닌 특정 뷰에 대한 참조를 선언할 수 있다.
```
import kotlinx.android.synthetic.main.some_layout.text_view
```

1. 이 경우 some_layout.xml은 text_view를 포함할 것이다.

2. 액티비티 XML에서 콘텐츠 XML로 <include> 태그를 사용하는 것은 좋은 습관이고, 다음과 같은 두 개의 선언문이 필요할 것이다.

```
import kotlinx.android.synthetic.main.some_activity.*
import kotlinx.android.synthetic.main.some_content.*
```

여기에서 텍스트를 설정할 수도 있고, ID로 뷰를 찾아 참조할 필요 없이 같은 방법으로 원하는 함수를 호출할 수 있다.

 코틀린에서 구문의 마지막에 세미콜론(;)을 사용하는 것은 선택 사항이다.

이제는 코틀린으로 코딩하는 장점을 확신할 수 있을 것이다. 그러나 계속 진행하기 전에 코드^{Code} 메뉴 맨 아래에 코틀린 기능이 하나 숨겨져 있다. 이 기능은 자바 파일을 코틀린 파일로 변환한다. 심지어 대부분의 변환 문제를 찾아 해결할 수 있으므로, 두 언어 사이의 차이를 배우는 데 시간과 비용을 절약하게 한다.

 Ctrl + Alt + Shift + K를 사용하면 자바를 코틀린으로 자동 변환한다.

코틀린은 안드로이드 스튜디오가 최근에 추가한 기능 중 하나지만, 대안 언어로 유일한 선택은 아니다. 빠른 성능과 적은 메모리를 사용하는 C++는 많은 개발자의 첫 번째 선택이었다. 다음 절에서는 강력한 C++ 언어를 IDE에서 쉽게 지원하는 방법을 살펴보자.

▌ C/C++ 지원

지금까지 살펴봤듯이 모든 프로그래밍 언어는 장단점이 있다. C/C++는 숙련되는 데
더 많은 시간이 필요하지만, C/C++ 언어가 제공하는 저수준 제어로 충분히 보상받을
수 있다.

안드로이드 스튜디오에서 C/C++를 사용하려면 또 다른 개발 도구가 필요하다. 이 개발
도구는 다른 방법으로 빌드하고 디버깅하는 NDK^{네이티브 개발 킷}와 JNI^{자바 네이티브 인터페이스}를
포함한다. 안드로이드 스튜디오가 제공하는 대부분 과정처럼 이 도구를 설정하는 것
도 아주 간단하다.

NDK

앞 절에서 언급했듯이 네이티브 프로그래밍은 지금까지 사용한 도구와 약간 다른 도
구가 필요하다. 예상한 대로 SDK 관리자에서 필요한 도구를 설치할 수 있다.

다음 화면에서 선택한 컴포넌트는 반드시 설치해야 한다. 최소한 NDK, CMake, LLDB
가 필요할 것이다.

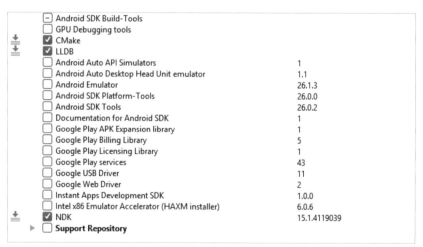

네이티브 개발 컴포넌트

- **CMake** 그래들과 함께 동작하는 다중 플랫폼 빌드 및 테스트 도구다. 자세한 문서는 cmake.org에서 확인할 수 있다.
- **LLDB** 다중 스레드 애플리케이션과 함께 동작하게 설계한 강력한 오픈소스 디버깅 도구다. 자세한 사용법은 이 책의 범위가 아니지만, 관심 있다면 lldb.llvm.org에서 확인할 수 있다.

필요한 소프트웨어를 설치하면 안드로이드 스튜디오 프로젝트에서 자바/코틀린 클래스나 파일과 함께 네이티브 코드로 원활하게 코딩할 수 있다. 코틀린 지원과 마찬가지로 네이티브도 설정 과정에서 필요한 체크박스만 선택하면 된다.

마법사에서 Include C++ support 옵션을 선택하면 다음과 같이 C++ 지원 기능을 구성할 수 있다.

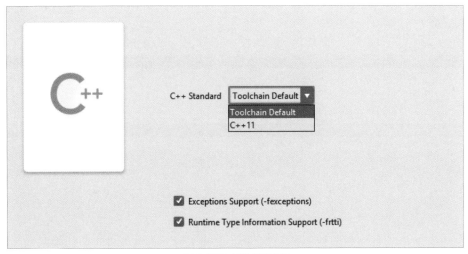

C++ 지원 선택 대화상자

CMake로 동작하는 경우에는 C++ 표준^{Standard}으로 Toolchain Default를 선택하는 것이 가장 좋다. 그리고 예외 지원^{Exceptions Support}과 런타임 타입 정보 지원^{Runtime Type Information Support}은 선택하는 것이 좋다. 모듈의 build.gradle 파일을 확인하면 다음과 같은 구성을 확인할 수 있다.

```
DefaultConfig { . . . externalNativeBuild { cmake { cppFlags "-frtti -
    fexceptions" } } }
```

대개 기존 안드로이드 예제를 살펴보는 것이 가장 좋은 방법 중 하나다. 예제가 아주 많지는 않지만, 모든 예제가 훌륭하다. 그리고 깃허브의 github.com/googlesamples/android-ndk 커뮤니티 프로젝트는 계속 성장하고 있다.

기존 샘플은 코드의 구조를 알려준다. 이전에 살펴본 프로젝트 구조와 마찬가지로 파일의 위치가 아닌 타입에 따라 파일을 관리함으로써 실제 파일 구조는 프로젝트 파일 탐색기에 반영되지 않는다.

main/cpp 디렉터리, 소스코드, CMake가 사용하는 빌드 파일이 추가됐다.

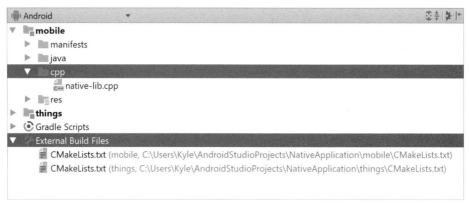

네이티브 코드 구조

C++가 모든 개발자에게 쉬운 것은 아니다. 그리고 C++에 대한 자세한 내용 또한 이 책의 범위가 아니다. 안드로이드 스튜디오의 관점에서 NDK를 더 활용하려는 개발자는 CMake가 네이티브 라이브러리를 호출하는 앱을 빌드하고 테스트하는 그래들과 완벽하게 통합해서 시간을 크게 줄이는 것을 확인할 수 있다.

사용자, 제조사, 개발자 모두에게 안드로이드 OS의 멋진 점 중 하나는 매우 다양한 기기에서 동작한다는 점이다. 먼저 손목시계, 셋톱박스, 자동차가 대상이었다. 최근

IoT 개발에서 기기에 제한 없이 동작하는 정교한 운영체제가 필요했고, 따라서 구글은 안드로이드 띵스Android Things를 개발했다.

▌ 안드로이드 띵스

IoTInternet of Things는 이미 주전자나 세탁기 같은 스마트 가전제품에 도입돼 소비자에게 영향을 주고 있다. 이 외에도 많은 도시에서 IoT를 활용해 교통과 공익사업을 관리한다.

현실에서 모든 기기는 독립적으로 하나의 띵Thing, 사물을 구성할 수 있다. 특정 기기가 IP 주소로 다른 기기와 통신할 수 있는 경우 화면이나 버튼이 필요 없을 수 있다. 예를 들어 IP 주소를 가진 칫솔을 만들 수 있지만, 애석하게도 이 칫솔의 장점은 모르겠다.

개발자 관점에서 IoT는 정말 흥미롭다. 그리고 API를 SDK에 포함하면 거의 무한한 새로운 세계가 열린다. 당연히 IoT API는 안드로이드 스튜디오에 깔끔하게 정리돼 있어서 다른 앱 개발만큼 쉽고 재미있게 안드로이드 띵스를 개발할 수 있다.

개발 키트

안드로이드 띵스와 다른 안드로이드 개발의 가장 큰 차이점은 하드웨어일 것이다. 따라서 임베디드 기기에 대한 전문 지식이 필요하다고 생각할 수 있다. 그러나 임베이드 기기에 대한 약간의 지식은 유용할 수 있지만, 반드시 필요하지는 않다. 구글은 인텔, NXP, 라스베리 파이 같은 SoCSystem on Chip 제조사와 함께 빠르게 프로토타입을 생산하고 테스트할 수 있는 개발자 키트를 생산한다.

안드로이드 스튜디오는 항상 가능한 한 많은 방법으로 개발자를 도와주게 설계됐다. 지원 라이브러리, 시스템 이미지, 그리고 개발자에게 도움 되는 예제가 계속 증가하고 있다. 불행히 안드로이드 띵스를 간단하게 에뮬레이션하는 방법은 없다. 일부 기능은 모바일 AVD에서 에뮬레이션할 수 있지만 그 외의 기능은 실제 개발 키트가 필요하다.

약간의 전문 지식과 납땜인두로 자체 개발 보드를 만들 수도 있다. 그러나 인텔 에디슨Intel Edison과 라즈베리 파이Raspberry Pi 같은 저렴한 보드에서 안드로이드 무료 시스템 이미지를 만드는 것은 시간이 많이 걸리는 작업이다. 떠오른 아이디어를 빠르게 확인하고 프로젝트를 완성하기 원한다면 다음 이미지에서 보듯이 라즈베리 파이 3 같은 승인된 개발 키트를 사용해야 한다.

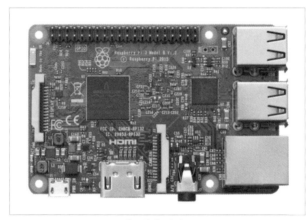

라스베리 파이 3

띵스용 단일 보드single-board 컴퓨터에 대한 정보는 developer.android.com/things/hardware/developer-kits.html에서 확인할 수 있다. 또한 이 페이지에서는 개별 보드에서 사용할 수 있는 주변 장치 키트에 대해 확인할 수 있다.

developer.android.com/things/preview/download.html에서 확인할 수 있고, 또한 띵스 개발자 콘솔은 partner.android.com/things/console/에서 확인할 수 있다.

이제 키트와 주변 장치를 갖고 있다면 다음 절에서 설명할 기본 안드로이드 띵스 앱을 개발할 준비가 된다.

띵스 프로젝트 만들기

안드로이드 띵스에서 사용하는 API는 표준 SDK에 포함되지 않으므로, 지원 라이브러리가 필요하다. 최소한 다음과 같은 의존 관계가 필요할 것이다.

```
dependencies {
    ...
    provided 'com.google.android.things:androidthings:0.5-devpreview'
}
```

매니페스트에는 다음과 같은 항목이 필요하다.

```
<application ...>
    <uses-library android:name="com.google.android.things"/>
        ...
</application>
```

띵스 프로젝트 대부분은 사용하는 주변 장치와 파이어베이스Firebase를 사용해서 테스트하는지 여부에 따라 더 많은 라이브러리가 필요하다. 기존 샘플을 살펴보는 것이 어느 라이브러리가 필요한지 확인하는 좋은 방법이다. 다음 코드는 Things Doorbell 샘플에서 가져왔다.

```
dependencies {
    provided 'com.google.android.things:androidthings:0.4-devpreview'
    compile 'com.google.firebase:firebase-core:9.4.0'
    compile 'com.google.firebase:firebase-database:9.4.0'
    compile 'com.google.android.things.contrib:driver-button:0.3'
    compile 'com.google.apis: google-api-services-vision:v1-rev22-1.22.0'
    compile 'com.google.api-client: google-api-client-android:1.22.0' exclude
            module: 'httpclient'
    compile 'com.google.http-client: google-http-client-gson:1.22.0' exclude
```

```
        module: 'httpclient'
}
```

안드로이드 띵스 프로젝트를 설정하는 또 다른 주요 차이는 매니페스트 파일에서 확인할 수 있다. 다음 코드에 강조 표시한 <intent-filter>를 추가해서 테스트와 디버깅할 때 프로젝트를 성공적으로 실행할 수 있을 것이다.

```xml
<manifest xmlns:android="http://schemas.android.com/apk/res/android"
        package="com.example.androidthings.doorbell">

    <uses-permission android:name="android.permission.CAMERA" />
    <uses-permission android:name="android.permission.INTERNET" />
    <uses-permission android:name="com.google.android.things.permission
            .MANAGE_INPUT_DRIVERS" />

    <application
        android:allowBackup="true"
        android:icon="@android:drawable/sym_def_app_icon"
        android:label="@string/app_name">
        <uses-library android:name="com.google.android.things" />
        <activity android:name=".DoorbellActivity">

            <intent-filter>
                <action android:name="android.intent.action.MAIN" />
                <category android:name="android.intent.category.LAUNCHER" />
            </intent-filter>

            <intent-filter>
                <action android:name="android.intent.action.MAIN" />
                <category android:name="android.intent.category
                        .IOT_LAUNCHER" />
                <category android:name="android.intent.category.DEFAULT" />
            </intent-filter>

        </activity>
```

```
    </application>
 </manifest>
```

이것이 안드로이드 띵스 프로젝트를 설정하는 유일한 차이다. 다른 차이는 어떤 장치와 센서를 사용하는지에 따라 달라진다. 대개 안드로이드 띵스를 더 자세히 살펴보는 가장 좋은 방법은 기존 샘플을 살펴보는 것이다. 샘플이 많지는 않지만 계속 늘어나고 있고, 이 샘플들은 개발자의 학습을 돕기 위해 작성됐다.

안드로이드 띵스를 개발하는 것이 어려워 보일 수 있지만, 안드로이드 스튜디오가 시스템 이미지, 지원 라이브러리, 샘플 코드로 쉽게 개발할 수 있게 한다는 점에서 좋은 아이디어를 가진 개발자가 저렴하고 빠르게 개발, 테스트, 생산할 수 있게 한다.

▌ 요약

7장에서는 안드로이드 스튜디오가 개발자를 지원하는 새롭고 다양한 방법을 살펴봤다. 디지털 세상에서 구글의 엄청난 영향력은 코틀린 언어 같은 대안 기술을 제공하고 제조사에게 기술과 아이디어를 가진 안드로이드 개발자는 누구나 사용할 수 있는 최신 기술을 제공해서 기술 개발을 독려한다.

안드로이드 스튜디오는 다양한 언어와 폼 팩터를 대상으로 코드를 작성하고, 더불어 개발자가 새로운 기술을 쉽게 배울 수 있게 한다.

8장에서는 마지막 개발 단계 중 하나인 테스트를 살펴본다. 테스트 과정은 안드로이드 스튜디오의 가장 혁신적이고 유용한 도구인 기기 모니터[device monitor]와 프로파일러[profiler] 중 하나를 살펴볼 좋은 기회다.

08

테스트와 프로파일링

안드로이드 스튜디오가 다른 IDE보다 뛰어난 한 가지 이유가 있다면 강력한 디버깅과 테스트 도구를 쉽게 사용할 수 있다는 점이다. 디버깅 도구는 간단한 로그캣^{Logcat}부터 JUnit 프레임워크를 기반으로 복잡한 테스트 기법에 이르기까지 다양하다. 게다가 안드로이드 스튜디오는 코드에서 버그를 발견하는 데 도움이 되는 도구와 함께 개발자가 프로젝트를 세밀하게 조절하고 효율성을 극대화하도록 매우 영리한 성능 모니터링 도구도 제공한다.

8장에서는 간단한 인라인 디버그 호출부터 시작해서 다양한 유형의 JUnit 테스트로 진행한다. 그리고 다양한 조건에서 앱의 성능을 확인하는 방법을 차례로 살펴본다.

8장에서 다루는 내용은 다음과 같다.

- 로그캣 디버그 필터 구성
- 로컬 단위 테스트 작성
- 계측 테스트 작성
- 에스프레소 테스트 기록
- UI 테스트
- 원격 테스트 수행
- 앱 스트레스 테스트
- 고급 프로파일링 사용
- 메소드 추적 기록
- 메모리 할당 기록
- 자바 힙 덤프 검사
- 네트워크 트래픽 검사

▌ 로그캣 필터

가장 단순하고 유용한 디버깅 기법은 간단하게 로그캣 필터를 추가하는 것이다. 로그캣 필터는 변수의 값이나 메소드 호출을 추적하는 데 사용할 수 있다. 로그캣 필터는 UI와 관련 없는 서비스, 브로드캐스트 리시버, 콜백처럼 백그라운드 프로세스를 추적할 때 특히 유용하다.

아마 가장 간단한 디버그 도구로, 단일 값이나 이벤트를 급하게 확인하는 경우 다음과 같은 코드를 추가하는 것이 유용하다.

```
System.out.println("Something happened here");
```

이 코드는 출력 텍스트가 다른 로그캣 텍스트 사이에 숨겨지는 경우의 임시 해결책이다. 이 코드보다는 로그캣 필터를 설정하는 것이 관리하기 훨씬 쉽다. 다음은 로그캣 필터를 구성하는 간단한 방법이다.

1. 새 프로젝트를 시작하거나 새 프로젝트를 연다.
2. 액티비티나 프래그먼트를 선택하고 다음과 같은 필드를 포함한다.

```
private static final String DEBUG_TAG = "tag";
```

3. 확인하려는 메소드를 선택하고 다음과 같은 코드를 추가한다.

```
Log.d(DEBUG_TAG, "Some method called");
```

4. Alt + 6 키를 사용해서 로그캣을 연다.
5. 오른쪽 위에 있는 드롭다운에서 **필터 구성 편집**^{Edit Filter Configuration}을 선택해서 다음과 같이 대화상자를 완성한다.

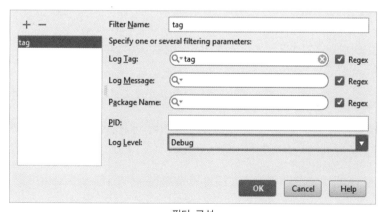

필터 구성

6. 앱을 실행한다.

7. 로그캣을 사용해서 특정 값, 액티비티, 또는 이벤트를 같은 방법으로 추적할 수 있다.

이 방법은 앱이 실행 중인 코드를 검사하는 가장 정교한 방법은 아니다. 그러나 이 방법은 언제든지 쉽고 빠르게 적용할 수 있고, 개별적인 오류를 해결하는 데 좋다. 코드를 작성한 후에는 잘 정의한 조건에서 테스트해야 한다. 이것이 안드로이드 스튜디오가 JUnit 기반 테스트 시스템을 도입한 이유다.

▌ JUnit 테스트

개발 프로젝트는 철저하고 엄격하게 테스트를 완료할 때까지 완료한 것이 아니다. 그리고 안드로이드 스튜디오는 워크스페이스에 JUnit 테스트를 직접 포함시킨다. 이름에서 알 수 있듯이 JUnit 프레임워크는 개별 코드 단위 테스트를 지원한다. 테스트는 종종 개별 모듈이지만 단일 클래스나 메소드일 수도 있다.

안드로이드 스튜디오 JUnit 테스트 프레임워크는 다음과 같은 두 가지 유형을 제공한다.

- 로컬 단위 테스트Local unit tests는 안드로이드 컴포넌트나 다른 코드에 의존하지 않지만, 일부 의존성을 모의mock하는 것이 가능한 격리된 환경에서 비즈니스 로직을 테스트하는 데 사용한다. 로컬 단위 테스트는 로컬 자바 가상머신에서 실행함으로써 결과적으로 하드웨어 기기나 에뮬레이터에서 테스트하는 것보다 훨씬 빠르다.
- 계측 테스트Instrumented test는 UI가 동작하는 방법처럼 안드로이드 프레임워크 요소 테스트에 사용한다. 계측 테스트는 APK 파일을 생성해서 빌드 속도가 느리다.

대부분의 개발 과정에서 이 두 가지 테스트 기법을 사용할 필요가 있을 것이다. 따라서 차례대로 살펴보자.

대부분의 프로젝트에서 기능 테스트보다 코드 안정성을 테스트하는 데 대략 2배의 시간을 소비한다고 예상할 수 있다. 다음 절에서는 단위 테스트와 계측 테스트에 대해 살펴본다.

로컬 단위 테스트

프로젝트 마법사를 사용해서 안드로이드 스튜디오 프로젝트를 만든 경우 두 가지 유형의 기본 테스트 케이스가 자동으로 포함된다. 그리고 필요한 그래들 의존 라이브러리도 포함된다. 다른 방법으로 프로젝트를 만든 경우 테스트 디렉터리 구조를 만들고 수동으로 그래들 의존 라이브러리를 포함해야 하는데, 이 과정은 다음과 같다.

1. module/src 디렉터리에서 src/main과 같이 src/test 디렉터리를 만든다.
2. src/test 디렉터리에 main 디렉터리와 같은 폴더 구조를 만든다. 예를 들면 다음과 같다.

```
main/java/com/packt/chapterseven
```

3. 이 디렉터리는 test 폴더에 위치시키고 프로젝트 탐색기에서 이 폴더에 접근할 수 있다.
4. 마지막으로 build.gradle 파일에 다음 의존 라이브러리가 추가되지 않은 경우 추가한다.

```
testImplementation 'junit:junit:4.12'
```

마법사를 사용해서 프로젝트를 만든 경우에 ExampleUnitTest.Java라는 테스트 클래스가 포함돼 있을 것이다. 이 클래스는 다음과 같은 산술 연산 테스트를 포함한다.

```java
public class ExampleUnitTest {
  @Test
  public void addition_isCorrect() throws Exception {
      assertEquals(4, 2 + 2);
  }
}
```

이 클래스는 아주 간단한 예지만, 설정에서 단위 테스트가 동작하는 방법을 살펴보는 좋은 방법이다. 단위 테스트 동작을 확인하는 가장 좋은 방법은 프로젝트 설정 마법사를 사용해서 프로젝트를 만들거나 기존 프로젝트를 열어서 테스트를 추가하는 것이다.

디스크에서 실제 위치는 다르지만, IDE의 프로젝트 탐색기에서 일반 자바 모듈과 함께 테스트 모듈을 찾을 수 있다.

IDE에서 테스트 접근

테스트를 실행하고 다른 테스트 기능을 살펴보는 가장 간단한 방법은 addition_isCorrect( ) 메소드를 수정해서 실패하는 것이다. assertEquals( ) 메소드에서 다음의 구문을 비교함으로써 실패하도록 설정한다.

```
public class ExampleUnitTest {
    int valueA;
    int valueB;
    int valueC;

    @Test
    public void addition_isCorrect() throws Exception {
        valueA = 2;
        valueB = 2;
        valueC = 5;
        assertEquals("failure - A <> B + C", valueA, valueB + ValueC);
    }
}
```

예상한 대로 이 코드의 출력은 다음과 같다.

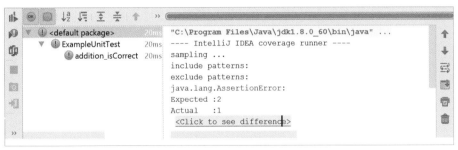

단위 테스트 출력

툴바에 보이는 실행 도구는 유용한 기능을 많이 갖고 있다. 특히 왼쪽의 세 번째 아이콘은 코드를 변경할 때마다 자동으로 테스트를 실행한다. 메인 툴바는 성공하거나 무시된 테스트를 필터링하거나 정렬하게 한다. 그리고 결과를 HTML, XML 또는 사용자 지정 형식으로 저장해서 가져오거나 내보내기를 할 수 있다.

 Click to see differences 링크는 여러 테스트가 실패한 경우 매우 유용한 오류 비교 테이블을 열 것이다.

메인 툴바에서 가장 간단하게 실행^{run} 아이콘을 클릭해서 다른 코드와 마찬가지로 테스트를 실행할 수도 있다. 그러나 코드 편집기 왼쪽에 있는 Run 메뉴와 Run Test 아이콘은 디버깅 옵션과 클래스 커버리지 창을 보여주는 옵션을 포함한다. 편집기의 아이콘은 개별 메소드를 실행하는 데 사용할 수 있어 특히 유용하다.

제공한 예제는 JUnit **assertEquals( )** 어서션^{assertion}을 사용한다. 비슷한 JUnit 어서션과 다른 구조가 많고, 전체 문서는 junit.org에서 확인할 수 있다.

앞의 예제에서는 자체 포함돼 있으면서 앱 코드를 테스트하는 클래스의 사용 방법을 알려주지는 않는다. 다음 예제는 앱 코드를 테스트하는 방법을 보여준다.

1. 다음과 같이 기본 패키지에 메소드를 하나 가진 자바 클래스를 만든다.

```java
public class PriceList {
    public int CalculateTotal(int item1, int item2) {
        int total;
        total = (item1 + item2);
        return total;
    }
}
```

2. 테스트 패키지에 다음과 같은 코드로 클래스를 하나 만든다.

```java
public class PriceListTest {
    @Test
    public void testCalculateTotal( ) {
        PriceList priceList = new PriceList( );
        int result = priceList.CalculateTotal(199, 250);
        assertEquals(449, result);
    }
}
```

첫 번째 예제와 달리 이 코드는 테스트 코드에 비즈니스 로직을 통합하는 방법을 보여준다.

여러 테스트가 있다면 테스트를 실행하는 순서 일부를 제어하는 것이 유용할 수 있다. 특히 모든 테스트를 실행하기 전에 준비 코드를 실행하는 경우에 유용하다. 준비 코드는 다음과 같이 일련의 JUnit 어노테이션을 사용하면 된다.

```
@BeforeClass
@Test(timeout=50)
public void testSomeMethod( ) {
...
```

이 어노테이션 구성은 메소드를 한 번만 실행하게 하고, 클래스의 다른 모든 메소드가 호출된 후 50ms가 지나면 실패한다. @Before는 테스트를 수행하기 전에 메소드를 실행하는 데 사용할 수 있고, 이와 상응하는 어노테이션으로 @After와 @AfterClass가 있다.

org.junit 패키지에서 사용할 수 있는 많은 어서선과 클래스에 대한 전체 문서는 다음 링크에서 확인할 수 있다.

junit.sourceforge.net/javadoc/org/junit/package-summary.html#package_description

종종 같은 그룹의 테스트 클래스를 한꺼번에 실행하기 원할 수도 있다. 매번 개별적으로 실행하는 대신 다음과 같은 코드를 사용해서 일련의 테스트를 작성하고 실행할 수 있다.

```
@RunWith(Suite.class)
@SuiteClasses({
    someClassTest.class,
    someOtherClassTest.class })
```

완전히 격리된 상태로 모든 유닛을 테스트하는 것이 항상 가능하거나 바람직하지는 않다. 유닛은 안드로이드와 기타 자바 인터페이스나 클래스와의 상호작용을 종종 테스트해야 한다. 일반적으로 상호작용은 모의 의존성을 만들어서 해결한다.

알고 있듯이 모의 객체와 클래스를 만드는 방법은 처음부터 만들거나 기존 프레임워크를 사용해서 이미 만들어진 것을 사용하는 경우까지 많다. 대부분 기존 프레임워크를 사용하는 것이 좋다. 하지만 UI를 완전히 재정의해서 전체 화면을 사용하는 일부 게임만 예외가 될 수 있다. 그 외에는 안드로이드 스튜디오 사용자에게 가장 쉽고 좋은 방안은 모키토^{Mockito}일 것이다.

모키토는 강력한 자바 프레임워크이고 안드로이드 스튜디오에 쉽게 통합할 수 있지만, 특별하지는 않다. 이미 많은 개발자가 다른 IDE에서 사용하고 있을 것이다. 모키토에 대해 살펴볼 것들이 많지만, 이 책의 범위를 벗어난다. 모키토는 다음과 같이 build.gradle 파일에 의존 라이브러리로 추가한다.

```
testImplementation 'org.mockito:mockito-core:2.8.9'
```

다행히 안드로이드 API를 호출하는 모의 의존성은 만들 필요가 없다. android.jar 메소드의 기본 반환 값으로도 충분하다면 build.gradle 파일의 안드로이드 스크립트 영역에 다음과 같은 코드를 추가해서 그래들에 알려줄 수 있다.

```
testOptions {
    unitTests.returnDefaultValues = true
}
```

모키토는 비즈니스 로직을 테스트하는 데 필요한 대부분의 자바 클래스 모의 객체를 만들게 한다. 그러나 마지막에는 개발 중인 안드로이드 앱을 실제 기기와 에뮬레이터에서 테스트해야 한다. 테스트 모델이 독립적으로 잘 동작한다고 확신한다면 실제 모델에서 어떻게 동작하는지 확인해야 한다.

▌UI 테스트

테스트 유형을 개별적으로 살펴봤지만 계측 테스트는 단위 테스트가 될 수 있다. 테스트가 필요한 UI 없는 안드로이드 클래스가 많고, 이 클래스는 모의 객체로 만들 수 있다. 그러나 클래스가 이미 기기나 에뮬레이터에 완벽하게 구현된 경우에는 특히 시간이 많이 소비할 수 있다. 모의 테스트의 빠른 빌드 시간을 희생할 준비가 된 경우 기기를 연결하고 에뮬레이터를 시작할 수 있다.

모의하기 어려운 개발의 한 측면은 UI 시뮬레이션과 상호작용이다. 대개 물리적인 제스처에 대응해서 레이아웃을 테스트하는 경우다. 다행히 UI를 테스트하고 최적화하는 데 도움이 되는 매우 유용한 도구와 기능이 있다.

뷰 테스트

계측된 UI 테스트 핵심은 안드로이드 테스트 지원 라이브러리^{Android Testing Support Library}다. 테스트 지원 라이브러리에는 JUnit API, UI 오토마타^{Automator} 및 에스프레소^{Espresso} 테스트 프레임워크 등이 있다. 안드로이드 스튜디오에는 에스프레소 설정과 관련된 것들이 거의 없다. 프로젝트 설정 마법사로 생성한 프로젝트에서 작업할 때 기본 의존 라이브러리로 포함하기 때문이다. 그렇지 않은 경우 build.gradle 파일에 다음과 같은 코드를 추가해야 한다.

```
androidTestImplementation('com.android.support.test.espresso:espresso-
        core:2.2.2', {
    exclude group: 'com.android.support', module: 'support-annotations'
})
```

테스트 기기에 창과 전환 애니메이션이 설정된 경우 에스프레소가 원활하게 동작하게 해당 애니메이션을 비활성화해야 한다.

간단하게 에스프레소는 다음과 같은 세 가지 필수 작업을 수행한다.

1. 뷰와 다른 UI 컴포넌트를 식별하고 접근한다.
2. 클릭 및 스와이프 같은 동작을 수행한다.
3. 코드를 테스트하는 어서션을 확인한다.

에스프레소가 동작하는 과정을 살펴보는 가장 좋은 방법은 간단한 예제를 보는 것이다. 단위 테스트와 마찬가지로 계측된 테스트도 다음과 같이 안드로이드 스튜디오가 인식하는 올바른 위치에 있어야 한다.

\SomeApp\app\src\androidTest

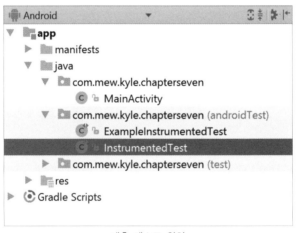

계측 테스트 위치

다음은 이런 세 가지 작업을 수행하는 방법을 보여준다.

1. 다음 코드의 뷰 두 개를 액티비티에 추가한다. 여기서는 메인 액티비티를 사용한다.

```xml
<EditText
    android:id="@+id/editText"
    . . .
    />

<Button
    android:id="@+id/button"
    . . .
    />
```

2. androidTest 디렉터리에 다음과 같은 코드로 테스트 클래스를 만든다.

```java
@RunWith(AndroidJUnit4.class)
@LargeTest
public class InstrumentedTest {

    private String string;
    @Rule
    public ActivityTestRule<MainActivity> testRule = new
            ActivityTestRule<>(MainActivity.class);

    @Before
    public void init() {
        string = "Some text";
    }

    @Test
    public void testUi() {
        onView(withId(R.id.editText)).perform(typeText(string),
                closeSoftKeyboard());
```

```
onView(withId(R.id.button))
        .perform(click());
onView(withId(R.id.editText))
        .check(matches(withText("Some text")));
    }
}
```

3. IDE가 이탤릭 폰트로 에스프레소 구문을 식별하고 보여준다.

```
29
30      @Before
31      public void init() { string = "Some text"; }
34      @Test
35 ▶    public void testUi() {
36
37          onView(withId(R.id.editText))
38                  .perform(typeText(string), closeSoftKeyboard());
39
40          onView(withId(R.id.button))
41                  .perform(click());
42
43          onView(withId(R.id.editText))
44                  .check(matches(withText("Some text")));
45      }
46
```

이탤릭 폰트로 표시된 에스프레소 구문

4. 편집기의 왼쪽 아래 또는 Run 메뉴에서 테스트를 실행한다.

5. 테스트 기기에서 앱이 열리고, 편집 상자에 문자열이 입력되고, 버튼이 클릭되고, 액티비티가 종료될 것이다.

6. IDE에서 테스트 결과를 확인할 수 있다.

에스프레소를 처음 사용하는 경우 한두 가지는 주의해야 한다. ActivityTestRule은 액티비티에서 위젯에 접근하는 데 사용하고, closeSoftKeyboard( )를 호출한다. 이때 closeSoftKeyboard( ) 호출이 꼭 필요하지는 않다. 테스트를 실행하면 알 수 있듯이 예상한 대로 정확하게 수행하고 소프트 키보드를 닫는다.

216

계측 테스트를 실행할 때 플랫폼은 테스트 매니페스트를 사용한다. 템플릿에서 프로젝트를 만들었거나 예제에서 작업하는 경우에는 이미 포함돼 있다. 테스트 매니페스트 파일은 다음과 같은 디렉터리에 있다.

\SomeApplication\app\build\intermediates\manifest\androidTest\debug

이 테스트에 사용한 대부분의 라이브러리를 추가해야 한다. 코드 편집기가 필요한 클래스를 잘 알고 있더라도 필요한 라이브러리를 알아두는 것도 좋다. 다음은 앞의 테스트에서 사용한 의존 클래스 목록이다.

```
android.support.test.filters.LargeTest;
android.support.test.rule.ActivityTestRule;
android.support.test.runner.AndroidJUnit4;

org.junit.Before;
org.junit.Rule;
org.junit.Test;
org.junit.runner.RunWith;

android.support.test.espresso.Espresso.onView;
android.support.test.espresso.action.ViewActions.click;
android.support.test.espresso.action.ViewActions.closeSoftKeyboard;
android.support.test.espresso.action.ViewActions.typeText;
android.support.test.espresso.assertion.ViewAssertions.matches;
android.support.test.espresso.matcher.ViewMatchers.withId;
android.support.test.espresso.matcher.ViewMatchers.withText;
```

 다음과 같은 의존성을 build.gradle 파일에 추가해서 JUnit 테스트에 햄크레스트(Hamcrest) 어서션 매처(assertion matcher)[1]를 추가할 수 있다.

Implementation 'org.hamcrest:hamcrest-library:1.3'

---

1. 매처는 필터나 검색에서 값을 비교할 때 편리하게 사용하도록 도와주는 라이브러리다. - 옮긴이

에스프레소는 텍스트 스크롤이나 삭제 등의 입력 및 클릭과 함께 다양한 액션을 많이 제공한다. 에스프레소에 대한 종합적인 문서는 다음 링크에서 확인할 수 있다.

google.github.io/android-testing-support-library/docs/

목록과 데이터 테스트

앞 예제에서는 onView( )에서 뷰의 ID를 사용해 테스트하는 뷰를 식별한다. 따라서 이미 명명(ID를 가진)된 컴포넌트는 문제가 없다. 그러나 목록의 항목은 명시적으로 식별할 수 없으므로 다른 방법이 필요하다. 리사이클러뷰^{RecyclerView}나 스피너^{Spinner}로 목록을 처리할 때 에스프레소는 onData( ) 메소드를 제공해서 목록 항목을 식별한다.

목록 항목을 보려면 액티비티에 다음과 같은 스피너를 추가한다.

```java
public class SomeActivity extends AppCompatActivity {
    ArrayList<String> levelList = new ArrayList<String>();
    TextView textView;

    @Override
    protected void onCreate(Bundle savedInstanceState) {

        . . .

        Spinner spinner = (Spinner) findViewById(R.id.spinner);

        levelList.add("Easy");
        levelList.add("Medium");
        levelList.add("Hard");
        levelList.add("Impossible");

        ArrayAdapter<String> adapter = new ArrayAdapter
            <String>
            (MainActivity.this,
                android.R.layout.simple_spinner_item,
```

```
                    levelList);
        spinner.setAdapter(adapter);
        spinner.setOnItemSelectedListener
            (new AdapterView.OnItemSelectedListener() {

            @Override
            public void onItemSelected(AdapterView<?>
                    parent, View view, int position, long id) {

                Snackbar.make(view, "You selected the"
                        + levelList.get(position)
                        + " level ", Snackbar.LENGTH_LONG)
                        .setAction("Action", null)
                        .show();
            }

            @Override
            public void onNothingSelected(AdapterView<?> parent) {
                    Snackbar.make(view, "Nothing selected",
                    Snackbar.LENGTH_LONG).setAction("Action", null).show();
            }
        });
    }
}
```

이제 위젯을 조사하기 위해 onData()를 사용해서 테스트를 작성할 수 있다.

```
@RunWith(AndroidJUnit4.class)
@LargeTest
public class InstrumentedTest {

    private String string;
    @Rule
    public ActivityTestRule<MainActivity> testRule = new
            ActivityTestRule<>(MainActivity.class);
```

```
@Before
public void init( ) {
    string = "Medium";
}

@Test
public void testSpinner( ) {
    onView(withId(R.id.spinner)).perform(click( ));
    onData(allOf(is(instanceOf(String.class)),
        is(string))).perform(click( ));

    onView(withId(R.id.spinner))
        .check(matches(withText(containsString("Medium"))));
}
}
```

그래들 의존 라이브러리로 햄크레스트를 했더라도 안드로이드 스튜디오의 퀵픽스 (quick-fix) 기능이 동작하지 않을 것이다. 따라서 테스트 코드에 다음과 같은 선언 코드가 포함돼야 한다.

```
import static org.hamcrest.Matchers.allOf;
import static org.hamcrest.Matchers.containsString;
import static org.hamcrest.Matchers.instanceOf;
import static org.hamcrest.Matchers.is;
```

테스트 기록

앞 절에서는 코드를 테스트하는 데 안드로이드 스튜디오가 제공하는 종합적인 도구를 살펴봤다. 그러나 테스트를 작성하는 데는 많은 시간이 필요하다. 그리고 가장 사소한 프로젝트 이외에는 개별 테스트가 많이 필요하다. 다행히 안드로이드 스튜디오는 자체 UI를 사용해서 테스트 코드 일부를 생성, 식별, 수행하는 반자동 테스트를 만드는 방법을 제공한다.

다음의 간단한 예제는 앞에서 방금 작성한 테스트 수행 방법을 보여준다.

1. 앞에서 스피너를 추가한 예제 프로젝트를 열거나 새 프로젝트를 만든다.
2. Run 메뉴에서 Record Espresso Test를 선택한다.
3. 스피너의 항목을 선택한다. 이 동작은 테스트 기록 대화상자에 반영된다.
4. Add Assertion 버튼을 클릭한다.
5. 스피너를 선택하고 다음과 같이 대화상자를 완료한다.

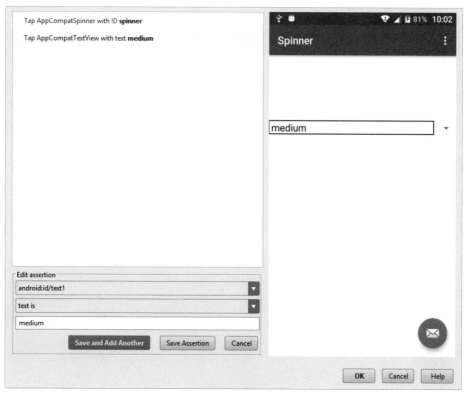

테스트 기록 대화상자

6. 테스트를 저장하고 실행한다.

   다음과 같이 IDE는 화면 제스처를 코드로 변환했다.

```java
@Test
public void someTest() {
    ViewInteraction appCompatSpinner = onView(
            allOf(withId(R.id.spinner),
                childAtPosition(
                childAtPosition(withClassName(
                    is("android.support.design.widget
                    .CoordinatorLayout")), 1), 0), isDisplayed()));

    appCompatSpinner.perform(click());

    DataInteraction appCompatTextView = onData(
            anything()).inAdapterView(childAtPosition(
                withClassName(is("android.widget
                .PopupWindow$PopupBackgroundView")), 0)).atPosition(1);

    appCompatTextView.perform(click());

    ViewInteraction textView = onView(
            allOf(withId(android.R.id.text1), withText("medium"),
                childAtPosition(allOf(withId(R.id.spinner),
                childAtPosition(IsInstanceOf.<View>instanceOf(
                    android.view.ViewGroup.class), 0)), 0), isDisplayed()));

    textView.check(matches(withText("medium")));
}
```

이 코드는 사용하기 쉽거나 효율적이지는 않지만, 시간 절약은 그만큼 가치가 있다. 모든 테스트가 일시적이고 코드가 만족스럽다면 테스트를 폐기할 것이다.

배포 대상 선택 대화상자Select Deployment Target dialog에서 테스트를 실행할 때 클라우드 테스트 탭이 있다는 알림을 피할 수 없을 것이다. 이 기능을 사용하면 IDE에서 직접 파이어베이스 테스트 랩Firebase Test Lab에 접속할 수 있다.

원격 테스트

대개 안드로이드 앱을 배포할 때 가능한 한 다양한 기기와 플랫폼 버전에서 테스트 하는 것이 좋다. 다양한 실제 기기에서 테스트하는 것이 현실적이지 않으므로, 유일한 선택은 가상 기기를 사용하는 것일 것이다. 다행히 파이어베이스는 다양한 실제 기기 와 에뮬레이터에서 모든 플랫폼 버전을 테스트할 수 있는 클라우드 기반 테스트 랩을 제공한다.

파이어베이스는 파일 호스팅과 실시간 크래시 보고 같이 많은 유용한 기능을 가진 강력하고 성숙한 클라우드 기반의 앱 개발 도구 모음이다. 8장의 주제에 맞게 파이어 베이스의 제품 중 하나인 테스트 랩에 집중해보자.

IDE는 파이어베이스를 잘 지원한다. 파이어베이스를 시작하는 가장 간단한 방법은 Tools 메뉴에 있는 파이어베이스 Assistant를 사용하는 것이다.

Assistant

 Firebase

Firebase gives you the tools and infrastructure from Google to help you develop, grow and earn money from your app. Learn more

▶ ⤵ **Remote Config**
  Customize and experiment with app behavior using cloud-based configuration parameters. More info

▼ ☑ **Test Lab**
  Test your apps against a wide range of physical devices hosted in Google's cloud. More info

  ▶ Run Firebase Test Lab for Android from Android Studio

파이어베이스 Assistant

안드로이드 스튜디오를 파이어베이스에 연결하기 전에 먼저 구글 계정을 사용해서 https://firebase.google.com/에 로그인한다.

Learn more 링크를 클릭하면 IDE에서 직접 파이어베이스에 연결할 수 있다. 다음으로 빠른 마법사/튜토리얼에서 Connect to Firebase 버튼을 클릭해서 완료한다.

이제 Run/Debug Configurations를 열고 Run ❯ Edit Configurations 메뉴의 대화상자에서 클라우드 기반 테스트를 구성할 수 있다.

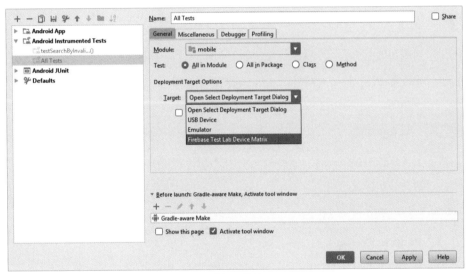

테스트 구성

이제 파이어베이스 테스트는 Run 아이콘이나 메뉴 항목을 사용해서 다른 프로젝트와 같은 방법으로 시작할 수 있다. 그리고 다음과 같은 테스트 결과를 HTML로 볼 수 있는 링크를 보게 된다.

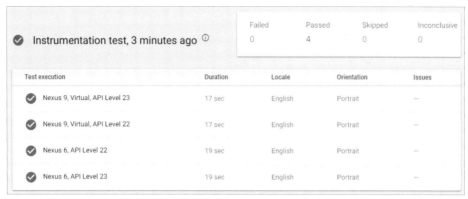

Instrumentation test, 3 minutes ago		Failed 0	Passed 4	Skipped 0	Inconclusive 0
Test execution	Duration	Locale	Orientation	Issues	
Nexus 9, Virtual, API Level 23	17 sec	English	Portrait	—	
Nexus 9, Virtual, API Level 22	17 sec	English	Portrait	—	
Nexus 6, API Level 22	19 sec	English	Portrait	—	
Nexus 6, API Level 23	19 sec	English	Portrait	—	

파이어베이스 출력

 현재는 주로 파이어베이스를 선호하지만, 파이어베이스만이 안드로이드 앱을 테스트할 수 있는 유일한 클라우드 서비스는 아니다. 클라우드 테스트에 관심이 있다면 아마존 웹 서비스 디바이스 팜(Device Farm), 자마린 테스트 클라우드(Test Cloud), 소스랩(Sauce Labs), 퍼펙토(Perfecto) 등의 서비스를 찾을 수 있다.

앞에서 설명한 방법은 코드에 적용할 수 있는 다양한 테스트 기법과 개발의 필수적인 부분이지만, 잘 알려지지 않은 부분을 안드로이드 스튜디오에서 자동화하는 방법을 알려준다. 더 흥미로운 주제로 넘어 가기 전에 약간의 설명이 필요한 또 다른 유형의 테스트가 있다. 엄격히 말하면 IDE의 일부는 아니지만 매우 유용한 작은 도구인 몽키 테스트Application Exerciser Monkey가 있다.

부하 테스트

안드로이드 몽키 테스트는 커맨드라인 기반의 앱 부하 테스트 도구다. 부하 테스트는 클릭, 타이핑, 스와핑과 같은 임의의 입력 동작을 수행해서 동작한다. 이런 테스트는 아이에게 앱을 전달하고 고장 낼 수 있는지 확인하는 것과 비슷하다. 모든 개발자는 사용자가 앱으로 완전히 우스꽝스럽고 예측할 수 없는 일을 시도한다는 것을 알 수 있다. 가능한 모든 조합의 제스처를 복제하려 시도하지 않고도 몽키는 예측할 수 없는 것을 거의 예측할 수 있게 한다.

몽키는 아주 간단하게 sdk/platform-tools 디렉터리에서 명령 창을 열고 다음 명령으로 실행한다.

```
adb shell Monkey -p com.your.package -v 5000
```

5000은 임의로 수행하는 액션의 횟수이고, 출력은 다음과 같을 것이다.

```
. . .
:Sending Touch (ACTION_DOWN): 0:(72.0,1072.0)
:Sending Touch (ACTION_UP): 0:(70.79976,1060.0197)
:Sending Touch (ACTION_DOWN): 0:(270.0,1237.0)
:Sending Touch (ACTION_UP): 0:(284.45987,1237.01)
:Sending Touch (ACTION_DOWN): 0:(294.0,681.0)
:Sending Touch (ACTION_UP): 0:(301.62982,588.92365)
:Sending Trackball (ACTION_MOVE): 0:(-3.0,-1.0)
. . .
```

몽키 커맨드라인 옵션은 https://developer.android.com/studio/test/monkey.html에서 확인할 수 있다.

시스템의 다른 부분과 통합하는 방법, 다양한 조건과 기기에서 동작하는 방법, 그리고 비즈니스 로직을 테스트하는 것은 개발 주기의 중요한 일부다. 일단 코드가 의도한 대로 동작한다는 확신이 들면 작업이 얼마나 잘 수행하는지 조사할 수 있다. 메모리나 리소스 병목현상 또는 불필요하게 배터리를 소모하는지에 상관없이 작업이 얼마나 효율적인지 확인할 필요가 있다. 이 작업에는 안드로이드 프로파일러Android Profiler를 사용한다.

성능 모니터링

코드에서 모든 결함을 다 해결할 수도 있겠지만, 세밀하게 조절할 수 있는 것들이 여전히 많다. 안드로이드 스튜디오의 가장 혁신적인 기능 중 하나가 안드로이드 프로파일러^{Android Profiler}이고, 세밀하게 조절할 수 있다.

 안드로이드 프로파일러는 C++를 사용해 개발한 모듈에서는 사용할 수 없다.

안드로이드 프로파일러는 안드로이드 스튜디오 3.0에서 도입됐고, 이전 버전인 안드로이드 모니터^{Android Monitor}를 대체한다. 기본적인 수준에서 현재 CPU, 메모리 및 네트워크 사용량을 모니터링한다. 기본 수준의 모니터링은 다양한 조건과 설정으로 앱을 테스트하고 성능을 개선해준다. View 〉 Tool Windows 메뉴나 도구 바에서 실행할 수 있다.

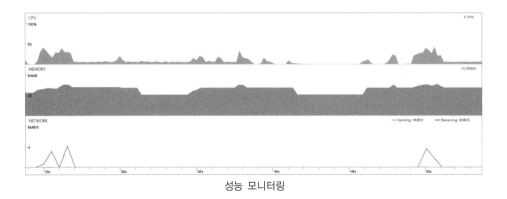

성능 모니터링

기본 모니터링은 이전 버전인 안드로이드 모니터와 다르지 않다. 기본 모니터링에서 메소드 추적 및 메모리 할당 검사와 같은 기능이 빌드 시간을 증가시키기 때문이다. 고급 프로파일링은 Run/Debug 설정 대화상자에서 쉽게 사용할 수 있다. 이 대화상자는 Run 〉 Edit Configurations 메뉴로 부를 수 있다.

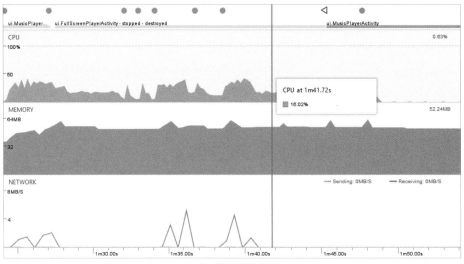

고급 성능 모니터링

이제 프로파일러에 특정 이벤트 정보와 나중에 살펴볼 여러 가지 기능도 보여준다.

CPU 프로파일링

안드로이드 프로파일러는 이전 버전인 안드로이드 모니터보다 훨씬 더 자세한 검사를 제공해서 액티비티 스레드, UI 이벤트, 개별 메소드 성능을 자세히 검사할 수 있다. 그리고 앱을 더 효율적으로 만들 수 있도록 도와주기 위해서 CPU 프로파일러는 정교한 검사 도구를 사용해 메소드를 기록한다.

CPU 고급 프로파일링 기능은 CPU 타임라인에서 어느 곳이든 클릭하면 볼 수 있다. 그러면 화면 아래쪽에 스레드 액티비티 타임라인을 보여준다.

앱의 행동을 실시간으로 관찰하면 거의 드러나지만, 무슨 일이 일어나는지 잘 알기 위해서는 일정 기간 액티비티를 기록해야 한다. 이런 방법으로 개별 스레드를 검사할 수 있다.

다음 과정은 메소드 경로를 기록하는 방법을 보여준다.

1. CPU 타임라인의 특정 위치를 클릭해서 고급 CPU 프로파일러를 연다.
2. 기록할 작업을 결정한다.
3. 창의 위쪽에 두 개의 새로운 드롭다운이 있다. Instrumented over Sampled를 선택하고 다른 샘플은 그대로 둔다.
4. 오랜 기간 기록하려면 축소한다.
5. 기록 아이콘을 클릭하고 계획한 작업을 수행한다.
6. 기록 아이콘을 다시 클릭하면 중지한다.

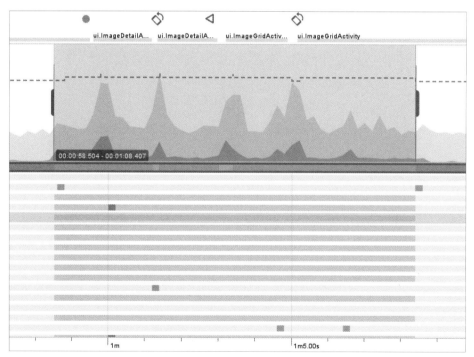

기록된 CPU 메소드 경로

 기록된 예제의 양쪽 끝에 있는 바를 드래그해서 기록의 길이를 조정할 수 있다.

예제가 보여주듯이 기록의 종류에는 계측과 샘플링이 있고, 차이는 다음과 같다.

- 계측 기록은 메소드가 호출될 때의 정확한 시점을 기록한다.
- 샘플링 기록은 정기적으로 메모리의 사용량을 기록한다.

앞으로 살펴보겠지만 도구 창 하단에 있는 4개의 탭은 기록된 데이터를 보여주는 방법을 선택하게 한다. Call 차트와 Flame 차트는 메소드 계층을 그래픽으로 보여주고, Top down과 Bottom up은 정보를 목록으로 보여준다.

 TIP 차트에서 메소드를 클릭하면 해당 메소드의 소스코드가 열린다.

프로그램 흐름을 자세히 검사하는 것은 큰 도움이 되고, 불필요한 디버깅을 크게 줄일 수 있다. 그러나 고려 대상이 프로세스 시간만이 아니라 앱이 얼마나 많은 메모리를 소모하는지에 대해서도 자세히 관찰할 필요가 있다.

메모리 프로파일러

앱이 기기의 CPU에 미치는 영향을 충분히 이해하는 것은 단지 한 가지 고려 사항일 뿐이다. 개발자는 대상 기기의 메모리 크기를 모른 채로 앱을 개발한다. 게다가 기기에서 앱이 동작하면서 메모리를 얼마나 사용하지는 알 수도 없다.

안드로이드 스튜디오는 메모리 사용 계획과 메모리 누수 방지에 도움이 되는 강력한 메모리 프로파일러memory profiler를 내장한다. 메모리 프로파일러는 자바 힙을 보여주거나 메모리 할당을 기록할 수 있다. 고급 프로파일링을 활성화한 경우에는 실시간 타임라인의 특정 위치를 클릭해서 CPU 프로파일러와 같은 방법으로 열 수 있다.

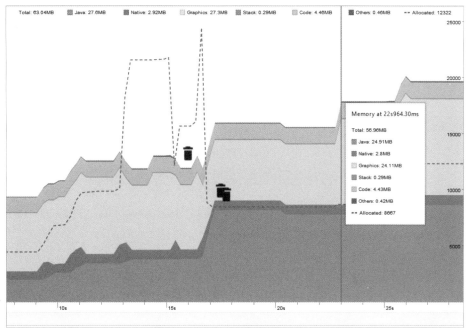

고급 메모리 프로파일러

이미지에서 볼 수 있듯이 프로파일러는 가비지 컬렉션도 보여준다. 가비지 컬렉션과 같은 메모리 정리 작업은 프로파일러의 툴바에서 휴지통 아이콘을 클릭해서 수동으로 수행할 수도 있다. 또한 툴바에는 메모리 할당을 기록하고 자바 힙 덤프(다운로드 아이콘)를 캡처하는 버튼도 있다.

메모리를 덤프하려면 아이콘을 클릭하고 잠시 기다리면 된다. 힙 덤프는 힙 메모리가 덤프되는 시점에 사용 중인 객체를 보여주고, 메모리 누수를 식별하는 가장 좋은 방법이다. 힙 덤프를 살펴보는 가장 좋은 시점은 확장된 UI 테스트 후에도 여전히 메모리를 차지하고 있는 버려져야 하는 객체를 찾는 것이다.

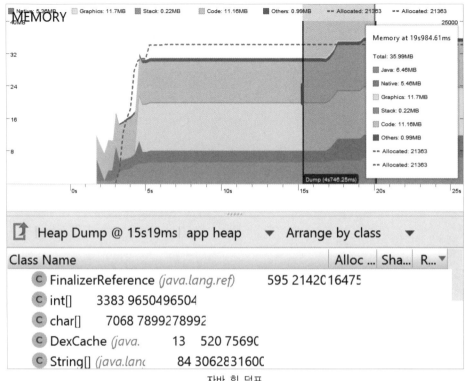

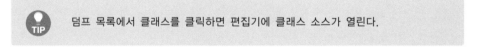

자바 힙 덤프

💡 **TiP** 덤프 목록에서 클래스를 클릭하면 편집기에 클래스 소스가 열린다.

메모리 덤프는 객체가 소모하는 메모리를 관찰하는 데는 매우 유용하지만, 메모리에서 수행하는 작업은 알려주지 않는다. 이 작업을 확인하려면 메모리 할당을 기록해야한다. 메모리 할당 기록은 CPU 사용을 기록하는 방법과 동일하게 기록 아이콘을 클릭한다. 이 편리한 메모리 검사 도구는 좀 더 설명이 필요하다. 마지막 프로파일링 도구인 네트워크 프로파일러[network profiler]를 소개한다.

네트워크 프로파일러

네트워크 프로파일러와 앞의 두 프로파일러가 동작하는 방식에는 차이가 없다. 네트워크 활동을 기록하는 대신 관심 있는 타임라인 일부 영역을 간단하게 클릭하고 드래그한다. 그런 다음에 다음 창에 연관 파일이 보이고, 파일을 선택하면 세부 정보를 볼 수 있다.

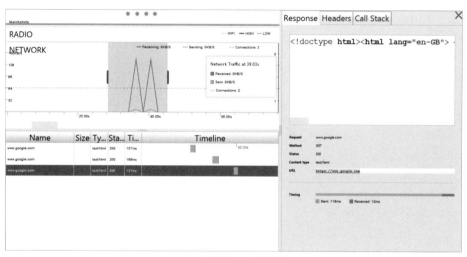

고급 네트워크 프로파일러

고급 네트워크 프로파일러는 비효율적인 네트워크 사용을 식별하는 훌륭한 방법을 제공한다. 여러 개의 작은 파일을 한꺼번에 다운로드하는 것이 바람직하지 않으므로, 네트워크 컨트롤러가 작은 파일에 대해 라디오 옵션을 자주 켜고 끄는 상황은 피해야 한다.

네트워크 프로파일러와 앞의 두 프로파일러는 모바일 앱을 개발하는 데 안드로이드 스튜디오를 선택하기 좋게 만드는 시간 절약 도구의 좋은 예다. 앱의 철저한 테스트와 미세한 조정은 종종 평범한 앱과 성공적인 앱의 차이에 큰 영향을 미친다.

▌ 요약

8장에서는 앱을 테스트하고 프로파일링하는 과정을 살펴봤다. JUnit을 사용해서 비즈니스 로직의 무결성을 테스트하는 방법, 플랫폼을 테스트하는 데 모키토와 에스프레소와 같은 도구를 동시에 사용하는 방법, 그파이어베이스와 같은 서비스를 사용해서 다양한 종류의 기기에서 테스트하는 방법을 살펴봤다.

코드와 UI를 테스트하는 것 외에도 앱, 하드웨어 성능, CPU, 메모리 및 네트워크 사용에 문제가 있는지를 테스트하는 방법이 필요하다. 안드로이드 스튜디오의 내장 프로파일러는 앱 성능을 자세히 검사하고 기록해서 편리하다.

이제 매끄럽게 동작하고 세밀하게 성능을 개선한 앱으로 개발, 구축, 패키징 및 배포 단계를 살펴볼 수 있다. 안드로이드 스튜디오는 그래들 빌드 시스템을 사용해서 다양한 종류의 APK와 서명 및 보안 간소화를 비롯해 간단하게 서명한 APK를 만들 수 있다.

09

패키징과 배포

앱 개발 과정에서 아주 빈번하게 컴파일하고 APK를 빌드한다. 그리고 다양한 의존 라이브러리를 포함시키고, 자동 빌드 시스템인 그래들을 당연하게 사용한다. 그렇지만 그래들은 실제로 매우 복잡하다는 것을 독자도 느낄 것이다.

그래들을 당연하게 사용하는 이유 중 하나는 CoC^{Convention over Configuration}[1]를 사용해서 각 빌드를 구성하는 방법 때문이다. 대부분의 경우 그래들은 CoC로 개별 프로젝트에 가장 좋은 구성 옵션을 선택한다. 구성을 오버라이드할 때 그래들은 흥미롭고 유용하다. 예를 들어 그래들을 사용해서 같은 안드로이드 스튜디오 프로젝트에서 모바일과 태블릿 버전의 앱을 만들 수 있다.

---

1. CoC(Convention over configuration)는 소프트웨어 설계 패러다임으로, 유연성을 잃지 않고 개발자가 결정해야 하는 구성을 줄이려는 소프트웨어 프레임워크가 사용하는 설계 방법이다. – 옮긴이

아직 많은 테스트와 분석이 있기에 컴파일한 APK를 만드는 것이 책의 마지막 과정은 아니다. 안드로이드 스튜디오의 APK 분석기Analyzer를 사용하면 APK 분석에 큰 도움이 된다.

테스트를 완료하고 제품이 만족스러우면 서명한 APK를 만들어 배포를 준비하는 마지막 단계로 들어간다. 이 단계는 복잡한 과정이 아니고, 안드로이드 스튜디오는 모든 단계에서 도움을 준다.

9장에서 다루는 내용은 다음과 같다.

- 빌드 과정 이해
- 제품 변형flavors 만들기
- 이클립스에서 그래들 빌드 가져오기
- APK 파일 분석
- 프로젝트 정리
- 서명한 APK 만들기
- 구글 플레이 앱 서명 등록
- 자동 서명 구성

▌ 그래들 빌드 구성

그래들 스크립트에는 일반적으로 한 프로젝트(또는 루트) 파일과 하나 이상의 모듈 수준 파일이 있다.

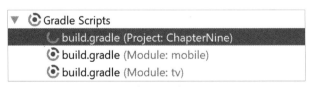

그래들 스크립트

루트 스크립트 주석에는 이 파일을 편집하지 말라고 적혀 있다. 모든 모듈에 공통 구성 옵션을 갖고 있지 않다면 루트 스크립트를 그대로 두는 것이 가장 좋다.

모듈 수준의 스크립트는 더 많은 관심을 불러일으키고, 다음은 일반적인 모듈 수준 스크립트의 분석이다.

첫 번째 줄은 그래들 플러그인 사용을 선언한다.

```
apply plugin: 'com.android.application'
```

다음은 안드로이드 대상 API 수준과 빌드 도구 버전을 선언한다.

```
android {
    compileSdkVersion 27
    buildToolsVersion "27.0.0"
```

기본 구성 설정은 안드로이드 매니페스트 파일의 요소를 정의한다. 그리고 다음과 같이 편집한 부분은 다음 빌드나 동기화 뒤에 자동으로 매니페스트에 반영된다.

```
defaultConfig {
    applicationId "com.example.someapp"
    minSdkVersion 21
    targetSdkVersion 27
    versionCode 1
    versionName "1.0"
    testInstrumentationRunner
        "android.support.test.runner.AndroidJUnitRunner"
}
```

빌드 타입$^{build\ types}$ 부분은 코드를 최소화하고 난독화하는 데 사용하는 프로가드^{ProGuard}를 구성한다.

프로가드가 APK 크기를 줄이는 효과가 미비한 경우도 많다. 그러나 난독화를 과소평가해서는 안 되는데, APK 리버스 엔지니어링을 불가능하게 만들 수 있기 때문이다.

buildType 섹션은 앱 배포 버전을 만들 때 APK 파일에 프로가드를 실행할지와 실행 방법에 대한 명령(지침)을 포함한다.

```
buildTypes {
    release {
        minifyEnabled false
        proguardFiles
            getDefaultProguardFile('proguard-android.txt'),
            'proguard-rules.pro'
    }
}
```

프로가드 규칙은 proguard.rules.pro 파일에서 편집할 수 있다. 그리고 기본 규칙은 오버라이드하고 sdk\tools\proguard에서 확인할 수 있다.

 minifyEnabled의 기본 값은 false다. 프로가드는 중복 코드를 삭제하는 매우 유용한 기능으로, 종종 APK 크기를 크게 줄인다. 따라서 minifyEnabled를 true로 설정한다. 리소스 파일에 비슷한 작업을 수행하는 shrinkResources 값을 true로 추가하는 것도 좋은 선택이다.

마지막으로 이미 익숙한 의존성^{dependencies} 부분을 살펴본다. 여기에는 모듈의 lib 디렉터리에 있는 모든 .jar 파일을 포함한다.

```
dependencies {
    implementation fileTree(dir: 'libs', include: ['*.jar'])
    androidTestImplementation('com.android.support
```

```
            .test.espresso:espresso-core:2.2.2', {
        exclude group: 'com.android.support',
            module: 'support-annotations'
    })
    implementation 'com.android.support:
        appcompat-v7:26.0.0-beta2'
    testImplementation 'junit:
        junit:4.12'
    implementation 'com.android.support.constraint:
        constraint-layout:1.0.2'
    implementation 'com.android.support:
        design:26.0.0-beta2'
}
```

커맨드라인 옵션

다른 IDE에서 이동한 대부분의 독자는 이미 커맨드라인에서 그래들 스크립트를 실행해 봤을 것이고, 안드로이드 스튜디오에서도 실행할 수 있다. 안드로이드 스튜디오는 커맨드라인 실행을 지원하기 위해 워크스페이스 안에 포함했고, IDE를 종료할 필요는 없다.

커맨드라인 작업을 도와주는 편리한 도구 창이 두 개 있다. 그래들 도구 창^{Gradle tool} ^{window}과 그래들 콘솔^{Gradle console}이고, View ▶ Tool Windows 메뉴에서 사용할 수 있다.

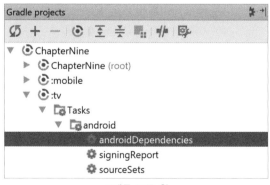

그래들 도구 창

스크린샷은 그래들 플레이Gradle plays의 역할을 개략적으로 보여준다. 그러나 실제로 역할에 익숙해지기 위해서는 간단한 예제를 살펴볼 필요가 있다. 다음 절에서는 그래들을 구성해서 한 프로젝트에서 다양한 제품 변형flavors을 만드는 방법을 보여준다.

제품 변형

일반적으로 앱의 사용자 정의 버전이나 제품 변형을 만드는 데는 다음과 같은 두 가지 이유가 있다.

- 핸드폰, 태블릿 같은 다양한 폼 팩터에 대한 버전을 만드는 경우
- 플레이 스토어에서 유/무료 버전과 같이 다양한 버전의 앱을 배포하는 경우

이 두 가지 상황은 빌드 파일을 구성해서 해결할 수 있고, 디버그 및 배포 APK 모두에서 수행할 수 있다. 새 변형과 빌드 유형은 모두 Build 메뉴에 있는 해당 대화상자를 사용해서 구성할 수 있다.

빌드 옵션

늘 그렇듯이 처음엔 빌드 과정이 동작하는 방법을 확인하는 것이 가장 좋다. 다음 예제는 무/유료 버전의 앱에 해당하는 제품 변형을 만드는데, 과정은 다음과 같다.

1. 안드로이드 스튜디오에서 단일 모듈로 새 프로젝트를 시작한다.
2. values 폴더에서 New ❯ Directories를 사용해서 paid와 free라는 디렉터리를 두 개 만든다.
3. 이 두 폴더는 안드로이드 레이블 아래 탐색기에는 보이지 않지만, **프로젝트** ^{Project} 뷰로 전환하면 볼 수 있다.

안드로이드 레이블과 프로젝트 뷰 사이를 전환하는 바로 가기는 내비게이션 툴바에서 값을 선택하거나 드롭다운에서 유료 또는 무료를 선택해서 수행할 수 있다. 뷰 전환은 자동으로 프로젝트 보기를 열고, 새 폴더를 보여준다.

4. 다음 코드로 개별 strings.xml 파일을 두 개 만든다.

```
<resources>
    <string name="app_name">Product Flavors Pro</string>
    <string name="version">Pro</string>
</resources>

<resources>
    <string name="app_name">Product Flavors Free</string>
    <string name="version">Free</string>
</resources>
```

5. build.gradle 파일을 열고 다음과 같이 코드를 완성한다.

```
apply plugin: 'com.android.application'

android {
```

```
    . . .

defaultConfig {

    . . .

    flavorSelection 'full', 'paid'
    flavorSelection 'partial', 'free'
}

buildTypes {
    release {
        . . .
    }
}

productFlavors {
    flavorDimensions "partial", "full"

    paid {
        applicationId = "com.example.someapp.paid"
        versionName = "1.0-paid"
        dimension "full"
    }

    free {
        applicationId = "com.example.someapp.free"
        versionName = "1.0-free"
        dimension "partial"
    }
}
}

dependencies {
    . . .
}
```

이제 Build Variants 도구 창을 사용해서 두 변형의 빌드 순서를 정한다.

많은 독자가 이클립스에서 안드로이드 스튜디오로 이전했을 것이다. 이클립스 프로젝트를 가져오는 작업은 비교저 간단히지민, 그래들 빌느 파일을 가져오기는 쉽지 않다. 프로젝트의 최상위 build.gralde 파일을 사용해서 그래들 빌드 파일을 가져온다.

```
buildscript {
    repositories {
        mavenCentral()
    }

    dependencies {
        classpath 'com.android.tools.build:gradle:3.0.0'
    }
}

apply plugin: 'com.android.application'

android {
    lintOptions {
        abortOnError false
    }

    compileSdkVersion 27
    buildToolsVersion "27.0.0"

    defaultConfig {
        targetSdkVersion 27
    }

    sourceSets {
        main {
            manifest.srcFile 'AndroidManifest.xml'
            java.srcDirs = ['src']
            resources.srcDirs = ['src']
            aidl.srcDirs = ['src']
```

```
            renderscript.srcDirs = ['src']
            res.srcDirs = ['res']
            assets.srcDirs = ['assets']
        }

        debug.setRoot('build-types/debug')
        release.setRoot('build-types/release')

    }
}
```

프로젝트를 별도로 만들지 않고도 개별 APK를 만들 수 있다면 시간을 많이 절약할 수 있고, 그래들은 APK를 아주 쉽게 만든다. 그럼에도 불구하고 대부분의 시간을 그래들로 APK를 만드는 데 사용한다.

테스트 과정이 APK 생성으로 완료됐다고 생각할 수도 있다. 그러나 안드로이드 스튜디오는 생성한 APK를 분석할 수 있는 훌륭한 도구를 제공한다.

▌ APK 분석

APK 분석기^{Analyzer}는 안드로이드 스튜디오의 가장 편리한 기능 중 하나다. 이름에서 알 수 있듯이 APK 파일 자체를 분석한다. 심지어 리소스와 XML을 추출해서 다른 버전과 비교할 수 있도록 리버스 엔지니어링을 수행할 수도 있다.

APK 분석기는 Build 메뉴의 Analyze APK...에서 볼 수 있다. 기기나 에뮬레이터 프로젝트를 실행할 때마다 디버그 APK를 만든다. 디버그 APK는 \SomeProject\App\build\outputs\apk\debug 디렉터리에서 확인할 수 있다.

APK 분석기는 다음과 같은 출력을 보여준다.

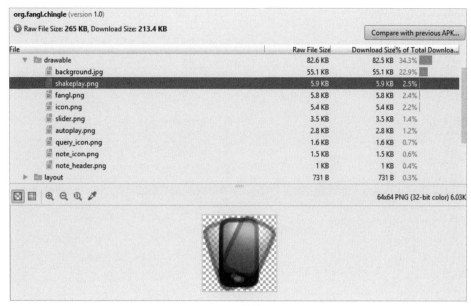

File	Raw File Size	Download Size	% of Total Downloa...
▼ 📁 drawable	82.6 KB	82.5 KB	34.3%
🖼 background.jpg	55.1 KB	55.1 KB	22.9%
🖼 shakeplay.png	5.9 KB	5.9 KB	2.5%
🖼 fangl.png	5.8 KB	5.8 KB	2.4%
🖼 icon.png	5.4 KB	5.4 KB	2.2%
🖼 slider.png	3.5 KB	3.5 KB	1.4%
🖼 autoplay.png	2.8 KB	2.8 KB	1.2%
🖼 query_icon.png	1.6 KB	1.6 KB	0.7%
🖼 note_icon.png	1.5 KB	1.5 KB	0.6%
🖼 note_header.png	1 KB	1 KB	0.4%
▶ 📁 layout	731 B	731 B	0.3%

APK 분석

분석기의 출력은 APK의 크기와 압축된 플레이 스토어 크기로 시작해서 풍부한 정보를 보여준다. 그리고 공간을 많이 차지하는 리소스를 한눈에 파악할 수 있다(예를 들면 비트맵 대신에 벡터를 사용).

classes.dex 파일을 사용해서 클래스와 의존 라이브러리의 크기를 확인할 수 있다.

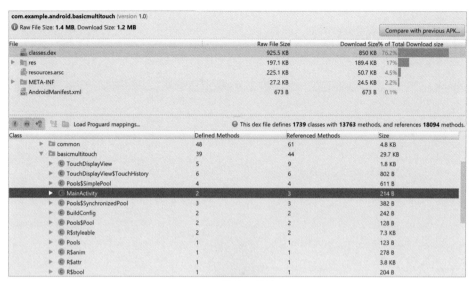

File	Raw File Size	Download Size	% of Total Download size
classes.dex	925.5 KB	850 KB	76.2%
▶ res	197.1 KB	189.4 KB	17%
resources.arsc	225.1 KB	50.7 KB	4.5%
▶ META-INF	27.2 KB	24.5 KB	2.2%
AndroidManifest.xml	673 B	673 B	0.1%

Load Proguard mappings...   ⓘ This dex file defines **1739** classes with **13763** methods, and references **18094** methods.

Class	Defined Methods	Referenced Methods	Size
▶ common	48	61	4.8 KB
▼ basicmultitouch	39	44	29.7 KB
▶ ⓒ TouchDisplayView	5	9	1.8 KB
▶ ⓒ TouchDisplayView$TouchHistory	6	6	802 B
▶ ⓒ Pools$SimplePool	4	4	611 B
▶ ⓒ MainActivity	2	3	214 B
▶ ⓒ Pools$SynchronizedPool	3	3	382 B
▶ ⓒ BuildConfig	2	2	242 B
▶ ⓒ Pools$Pool	2	2	128 B
▶ ⓒ R$styleable	2	2	7.3 KB
▶ ⓒ Pools	1	1	123 B
▶ ⓒ R$anim	1	1	278 B
▶ ⓒ R$attr	1	1	3.8 KB
▶ ⓒ R$bool	1	1	204 B

APK 클래스 분석

TIP 분석기의 가장 유용한 기능 중 하나가 창의 오른쪽 위에 있는 버튼을 사용해서 두 APK를 비교하는 기능이다.

APK 분석기가 충분하지 않은 경우에는 File 메뉴에 있는 Profile or Debug APK... 메뉴를 사용한다. 이 메뉴를 선택하면 새 프로젝트가 열리고, 더 자세히 탐색하고 디버깅할 수 있다.

Build 메뉴에는 MakeBuild와 Analyze 외에도 다른 유용한 메뉴가 있다. 예를 들어 Clean Project 메뉴는 인터넷으로 동료나 공동 작업자와 공유하는 빌드 결과를 빌드 디렉터리에서 삭제한다. 확실히 삭제하기 위해서 OS의 파일 탐색기나 View ❯ Tools Window 메뉴에서 Terminal을 사용해 프로젝트 폴더를 연다.

```
Terminal
+   Microsoft Windows [Version 10.0.15063]
    (c) 2017 Microsoft Corporation. All right
×   s reserved.

    C:\Users\Kyle\AndroidStudioProjects\SomeApp>
```

다음 명령으로 프로젝트를 정리한다.

gradlew clean

이 명령으로 확보할 수 있는 저장 공간이 꽤 크다. 물론 다음 프로젝트를 빌드할 때는 처음 빌드와 같이 오래 걸릴 것이다.

대부분의 개발 주기에서 APK의 디버그 버전에만 관심이 있었지만, 조만간 앱 출시를 위한 APK가 필요할 것이다.

▌ 앱 게시

비교적 간단한 모바일 앱이라도 앱 개발에는 시간이 오래 걸린다. 그리고 모든 코드를 테스트하고, 문제를 해결하고, UI를 잘 만들었다면 이제는 빠르고 간단하게 제품을 출시하길 원할 것이다. 안드로이드 스튜디오는 이 모든 과정을 워크스페이스에 통합했다.

게시를 하는 첫 번째 단계는 서명한 APK를 만드는 것이다.

서명한 APK 만들기

모든 안드로이드 앱은 사용자의 기기에 설치하기 전에 전자 인증서^{digital certificate}가 필요하다. 전자 인증서는 개인 키에 대응해서 다운로드할 때 공개 키를 포함하는 일반적인 형태다. 이 과정은 사용자를 인증하고, 다른 사람이 자신의 앱을 업데이트하는 작업을 방지한다.

 개발 중에는 IDE가 개발에만 사용할 수 있는 디버그 인증서(debug certificate)를 만든다. 디버그 인증서는 \SomeApp\build\outputs₩apk\debug에서 확인할 수 있다.

ID 인증서^{identity certificates}를 만드는 두 가지 방법이 있는데, 자체 키 스토어를 관리하거나 구글 플레이 앱 서명^{Google Play App Signing}을 사용할 수 있다. 이제 자체 키 관리부터 시작해서 두 가지 기술을 살펴본다.

키스토어 관리

자체 키스토어를 관리하든지 구글에서 관리하든지 다음 과정에서 볼 수 있듯이 동일한 방법으로 시작한다.

1. Build 메뉴에서 Generate Signed APK... 메뉴를 선택한다.
2. 강력한 비밀번호를 사용해서 다음의 대화상자를 완성한다.

서명 APK 만들기 대화상자

3. 새 키스토어를 만든다면 새 키스토어 대화상자를 볼 것이고, 다음과 같이 완성해야 한다.

새 키스토어 대화상자

4. 마지막 대화상자에서 APK Destination Folder와 Build Type에 더불어 만들었을 수 있는 변형도 선택할 수 있다. V2(Full APK Signature)를 선택했는지 확인한다.

마지막 APK 구성

5. 마지막 APK는 ...\apk\release\app-release.apk로 저장된다.

V2 서명 버전 선택은 매우 중요하다. API 레벨 24(안드로이드 7.0)에서 도입한 Signature Theme v2는 빠른 설치를 제공하고, 해커가 APK를 리버스 엔지니어링하는 것도 보호한다. 불행히도 모든 빌드에서 동작하지는 않지만 적용하는 경우에는 가치가 있다.

키 저장소를 자체 관리하는 것은 일반적인 방법이고, 키를 안전하게 유지할 수 있어서 인증서를 완벽하게 관리할 수 있다. 그렇지만 구글 플레이를 사용해서 앱을 서명하는 경우 몇 가지 장점이 있으므로 고려해볼 가치가 있다.

구글 플레이 앱 서명

구글 플레이를 사용해서 앱을 서명하는 가장 중요한 장점은 구글이 키 정보를 유지한다는 점이다. 실수로 키를 분실한 경우 분실한 키를 검색할 수 있다. 이 시스템에 대해 주의해야 하는 가장 중요한 점은 한 번 사용하면 계속 사용해야 한다는 점이다. 중간에 사용하지 않는 것은 자체가 보안 위반이기 때문이다.

구글 플레이 앱 서명을 사용하려면 앞에서 설명한 대로 서명한 APK를 준비하고, 구글 개발자 콘솔^{Google developer console}을 연다. 구글 플레이 앱 서명은 **출시 관리**^{Release management} 메뉴에서 사용할 수 있다.

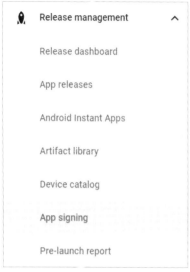

구글 플레이 앱 서명

서비스 약관 대화상자가 열릴 것이다.

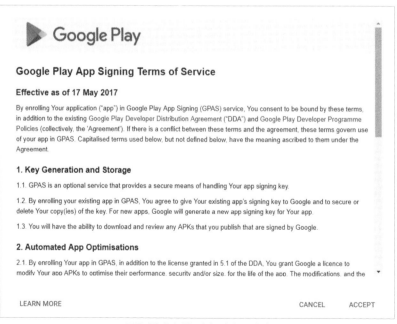

구글 플레이 앱 서명 서비스 약관

구글 플레이 앱 서명 서비스에 등록하려면 다음과 같은 간략한 과정을 따라야 한다.

1. 먼저 왼쪽 탐색 바에 있는 콘솔에서 다운로드할 수 있는 PEPK^{Play Encrypt Private Key} 도구를 사용해서 서명 키를 암호화한다.

2. 새 업로드 키^{upload key}를 만들고, 키를 등록한다.

3. 새 키를 사용해서 게시할 앱을 서명하고, 구글 플레이에 업로드한다.

4. 구글에서 새 키를 사용해서 인증하고, 암호화된 키로 앱을 서명한다.

TIP 서명 과정에 대한 더 자세한 내용은 **서비스 약관** 대화상자에서 **LEARN MORE**를 클릭해서 확인할 수 있다.

앱 서명 서비스에 등록하면 자체 관리보다 안전한 시스템을 제공한다. 그러나 앱을 서명할 때, 예를 들어 그래들을 구성하는 것처럼 서명 과정을 잘 관리해야 한다.

자동 서명

서명 구성은 앱을 서명하거나 변형을 만들 때마다 자동으로 만든다. 다행히 이 구성은 특정 목적에 맞게 사용자 정의할 수 있다. 예를 들어 각 빌드에서 자동으로 앱을 서명하길 원할 수도 있다. 안드로이드 스튜디오는 File 메뉴에서 Project Structure... 메뉴로 자동 서명할 수 있다.

다음은 배포 버전 앱을 자동으로 서명하는 방법을 보여준다.

1. 앞에서 설명한 대로 프로젝트 탐색기의 모듈 드롭다운 메뉴에서 Open Module Settings 메뉴를 선택하거나 모듈을 선택하고 F4를 눌러 Project Structure 대화상자를 연다.

2. Signing 탭을 선택하고 + 아이콘을 클릭해서 해당 필드를 작성한다.

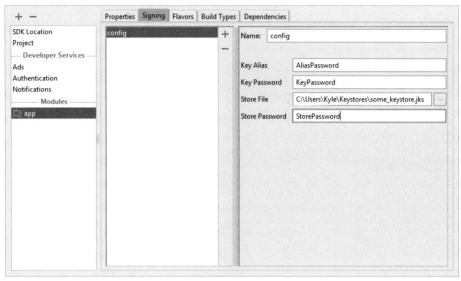

서명 구성

3. 다음 스크린샷에서 보여주는 것과 같이 Build Types 탭을 열고, 디버그 또는
   릴리스 유형을 선택한 후 서명 구성 필드에 값을 입력한다. 화면에는 Minify를
   활성화하는 것과 같이 다른 설정도 있다.

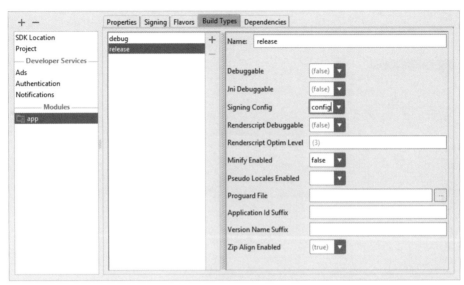

빌드 유형 선택과 서명 설정

앱 게시 전에 몇 가지 준비가 필요하다. 출시할 APK에서 몇 가지 테스트를 하고, 다양
한 홍보 자료와 이미지를 준비해야 한다. 그러나 안드로이드 스튜디오 관점에서 서명
한 배포 APK는 거의 완성품이다.

▌요약

앱 개발의 마지막 단계는 서명한 APK 생성이다. 처음에는 아이디어로 시작해서 디자인, 개발 및 테스트의 셀 수 없는 개발 주기를 거쳐서 결국 안드로이드 플레이 스토어와 같은 스토어에 등록된다.

개발 주기의 매 단계마다 안드로이드 스튜디오는 개발자를 도와준다. 구글이 안드로이드 스튜디오에 많은 리소스를 투입하는 이유 중 하나가 다음 세대의 개발자에게 투자하고 아이디어를 현실로 쉽게 만들게 함으로써 안드로이드 플랫폼을 더 좋게 만들려는 의도다.

이 책에서는 안드로이드 개발을 위해 특별히 개발한 IDE만 살펴봤다. 그리고 이 접근 방식이 개발자에게 얼마나 많은 이점을 제공하는지 살펴봤다. 레이아웃 편집기의 시각적이고 직관적인 특성과 컨스트레인트 레이아웃을 몇 번의 마우스 클릭으로 설계하는 방법은 다른 IDE 사용자를 안타깝게 한다.

안드로이드 스튜디오의 간단한 코드 완성과 리팩토링 기능은 코딩 작업을 많이 줄인다. 이 기능도 공식 개발 언어인 코틀린에 추가했고, 안드로이드 스튜디오가 많은 모바일 개발자에게 유일한 선택으로 보인다. 그리고 안드로이드 스튜디오로 앱을 컴파일과 테스트하는 것이 더 빠르고 쉽다. 물론 웨어러블과 IoT와 같은 새롭고 흥미로운 폼 팩터로 개발하는 것도 IDE에서 제공하는 도구를 사용해서 더 쉽게 만들 수 있다.

이 책에서는 안드로이드 스튜디오 3을 선택한 경우의 장점에 대해 살펴봤다. IDE는 계속 발전하고, 구글이 투자하고 있고, 앞으로도 계속 성장하고 개선하리라는 것을 의심할 필요는 없다. 여러 면에서 안드로이드 스튜디오 3은 단지 시작일 뿐이다. 이 책의 독자가 앱 개발이라는 긴 여정의 작은 발걸음에 익숙해지는 데 도움이 되길 바란다.

| 찾아보기 |

ㄱ

가로 모드 104, 105
가상 기기 25, 36
가상 센서 123
가상 핸드셋 113
가이드라인 64
강조색 28, 77
개발 키트 197, 198
계측 테스트 206, 214
계층 아이콘 133
고해상도 이미지 108
구글 USB 드라이버 36
구글 개발자 콘솔 250
구글 플레이 앱 서명 248, 250
구조 창 166
구조 탐색기 165
그래들 도구 창 239
그래들 빌드 시스템 25
그래들 스크립트 236
그래들 의존 라이브러리 220
그래들 콘솔 239
그래비티 속성 61
그래픽 속성 도구 58
그래픽 편집기 레이아웃 53
기기 모니터 124, 201
기기 에뮬레이터 36
기기 파일 탐색기 34
기록된 CPU 메소드 경로 229
기본 여백 64
기준선 60
김프 140

ㄴ

내비게이션 드로어 액티비티 163
내비게이션 바 87
네이티브 개발 컴포넌트 194
네이티브 개발 킷 194
네트워크 프로파일러 232
넷빈즈 21
노트패드 21
높이 75

ㄷ

다큘라 색 스킴 29
단일 보드 198
대안 에뮬레이터 110
도구 창 31
도면 모드 45
도면 뷰 24, 44
도킹 32
독립형 AVD 관리자 66
드래그앤드롭 설계 24
드로어블 107
디자인 라이브러리 73
디자인 아이콘 생성기 138
디자인 언어 84
디자인 지원 라이브러리 84

ㄹ

라즈베리 파이 198
래스터 그래픽 142
래스터 이미지 142

런처 아이콘 도구 137
런처 액티비티 38
런타임 컨스트레인트 변경 65
런타임 타입 정보 지원 195
레거시 132
레거시 아이콘 편집 135
레이아웃 변형 도구 103
레이아웃 편집기 24, 44
로그캣 126, 203, 205
로컬 단위 테스트 206, 207
롤리팝 35
룩앤필 73
리사이클러뷰 218
리소스 유형 82
리스너 메소드 91
리팩토링 25
리플 애니메이션 73

ㅁ

마스터/디테일 플로우 171
마지막 APK 구성 249
매니페스트 파일 38
머티리얼 디자인 테마 41
머티리얼 아이콘 137
머티리얼 테마 77
머티리얼 팔레트 78
머티리얼-인식 86
머티리얼업 81
메니모 110
메모리 모니터 34
메모리 프로파일러 230
메소드 드로우 142
모니터링 26
모키토 212
모핑 151
몽키 테스트 225
밀도 독립 픽셀 107
밀도 식별자 109

ㅂ

박시 SVG 편집기 142
배포 체인 65
백그라운드 계층 132
번역 편집기 24, 30
벡터 그래픽 141
벡터 드로어블 142
벡터 애셋 스튜디오 129, 143
변환 147
보조 색 28
부모 속성 76
부모 컨스트레인트 56
부하 테스트 225
브로드캐스트 리시버 204
비주얼 테마 편집기 74
비주얼 편집기 51
비트맵 이미지 129
빈 액티비티 템플릿 163
빌드 도구 25
빌드 옵션 240

ㅅ

사물 인터넷 184
사용자 인터페이스 43
산술 연산 테스트 208
상태표시줄 87
색 구성표 75
색 이론 80
샘플 브라우저 177
서명 구성 253
서명한 APK 248
서비스 약관 251
성능 모니터링 227
세이프 존 보기 133
센서 시뮬레이터 123
센서 에뮬레이션 123
센서 이벤트 리스너 121

센서 접근 120
소프트 내비게이션 컨트롤 87
속성 그래픽 편집기 62
스낵바 88
스마트 캐스팅 186
스케치 142
스크롤 동작 95
스튜디오 플러그인 140
스피너 218
슬라이딩 드로어 75, 84
시스템 이미지 36
심박수 측정기 111
심플리 140

ㅇ

아이콘 키라인 138
아파치 앤트 시스템 25
안드로이드 SDK 34
안드로이드 가상 기기 106
안드로이드 디버그 브리지 124
안드로이드 띵스 182, 197, 198
안드로이드 모니터 227
안드로이드 스튜디오 21
안드로이드 웨어 70, 111, 114
안드로이드 웨어 시스템 이미지 112
안드로이드 테마 27
안드로이드 프로파일러 126, 226
알파 채널 82
애니메이션 아이콘 147
애셋 129
애셋 백그라운드 선택 134
애셋 스튜디오 129
액티비티 24
액티비티 자바 파일 89
앱 게시 247
어댑티브 아이콘 131
어서션 210
어서션 매처 217

업로드 키 252
에뮬레이션 25
에뮬레이터 33
에스프레소 213,216
예외 지원 195
예제 중심 프로그래밍 181
오토 시스템 70
원격 테스트 223
원본 텍스트 리소스 95
웨어 프로젝트 111
웨어러블 37
웨어러블 AVD 111
웨어러블 레이아웃 114
웨어러블 앱 111
위젯 84
의존 라이브러리 85
의존성 85, 238
이미지 드로어블 98
이벤트 리스너 121
이클립스 21, 24
인공지능 180
인스턴트 런 26, 38, 70
인터폴레이션 147
인텔 에디슨 198
잉크스케이프 142

ㅈ

자동 서명 252
자동 연결 63
자바 네이티브 인터페이스 194
자식 뷰 57
전자 인증서 248
정렬 64
정적 타이핑 191
제품 변형 240
제품 아이콘 138
중첩 선형 레이아웃 48
지니모션 37, 70

ㅊ

초대형 모드 105
추론 컨스트레인트 64
출시 관리 250

ㅋ

카드 뷰 75
커맨드라인 21
컨스트레인트 라이브러리 51
컨스트레인트 레이아웃 24, 47, 51
컨스트레인트 툴바 59
컨스트레인트 해결사 51
컨스트레인트 핸들 56
컨텍스트 메뉴 54
컬러 휠 80
컴포넌트 트리 48, 53
코도타 180
코드 아이리스 168
코드 완성 25
코드브레인 181
코디네이터 레이아웃 71, 86
코틀린 183
콜랩스 앱바 92
콜랩스 툴바 92
콜백 204
퀵픽스 220
크기 조절 옵션 133
클래스 검사 플러그인 182
클립아트/텍스트 133

ㅌ

테마 편집기 27
테스트 기록 220
테스트 지원 라이브러리 213
테이블 액티비티 86
토스트 위젯 88

트리밍 133
틴트 50

ㅍ

파이어베이스 199
파이어베이스 테스트 랩 222
팔레트 지원 라이브러리 154
퍼센트 지원 라이브러리 43, 97
폐쇄형 시스템 130
포그라운드 계층 132
폼 팩터 25, 41, 101
프래그먼트 24
프로가드 237
프로젝트 뷰 241
프로젝트 탐색기 31, 54, 104
프로젝트 템플릿 124, 162
프로파일러 201
프론트엔드 인터페이스 34
플랫폼 110
플러그인 저장소 138, 139
플레이 스토어 112, 123
플레이스홀더 165
플로팅 32
필터 구성 205
필터 구성 편집 205

ㅎ

핫스왑 154
핸드셋 113
햄크레스트 220
행간 명령 146
허니콤 35
화면 모드 105
화면 밀도 106
화면 비율 106
화면 크기 110
회전 147

A

Accent color 77

accent 색 28

activity 24

Adaptive Icons 131

ADB 124

ADB 와이파이 플러그인 179

addition_isCorrect() 209

AI 180

Align 64

alpha channel 82

Analyzer 236

Android Debug Bridge 124

Android Material Design Icon Generator 138

Android Monitor 227

Android Profiler 126, 226

Android Studio 21

Android Testing Support Library 213

Android Things 182, 197

Android Virtual Devices 106

Android Wear 70, 111

Android Wear System Images 112

Android Wear UI 114

AndroidManifest.xml 40

anydpi 식별자 109

Apache Ant system 25

APK 25

APK 분석 236, 244

app bar 92

Application Exerciser Monkey 225

Artificial Intelligence 180

aspect ratio 106

assertEquals() 208, 210

assertion matcher 217

asset 129

asset studio 129

Auto 시스템 70

Auto-connect 63

Automator 213

AVD 66, 106

B

Background Layer 132

baselines 60

bitmap 이미지 129

blueprint 24, 44, 45

Boxy SVG Editor 142

Build tools 25

build.gradle 52

C

C++ 지원 선택 대화상자 195

card views 75

class inspection plugins 182

clip art/text 133

closed system 130

CMake 194

CoC 235

Code completion 25

Code Iris 168

CodeBrain 181

Codota 180

collapsing toolbar 92

color theory 80

color wheel 80

colorPrimary 28

companion device 111

Component Tree 48

constraint handles 56

constraint layout 24, 47, 51

constraint toolbar 59

context-sensitive menu 54

Convention over Configuration 235

coordinator layout 71, 164

CPU 프로파일링 228

D

Darcula 색 스킴 29
Default Margins 64
density-independent pixels 107
Dependencies 85, 238
design support library 84
Device File Explorer 34
device monitor 201
digital certificate 248
direct complement 80
Directed line 58
distribution chaining 65
docked 32
drawable 107

E

Eclipse 21
Edit Filter Configuration 205
elevation 75
Empty Activity 템플릿 163
Emulation 25
Espresso 213
Example-Centric Programming 181
Exceptions Support 195

F

FAB 88
Favorites 33
Firebase 199, 222
flavors 240
Floating Action Button 88
Foreground Layer 132
form factor 25, 41, 101
fragment 24
frontend 인터페이스 34
Fuzzy line 58

G

Genomeotion 70
Genymotion 37
GIMP 140
Google developer console 250
Google Play App Signing 248
Gradle build system 25
Gradle console 239
Gradle tool window 239

H

HAXM 하드웨어 가속기 36
heart rate monitor 111
Honeycomb 35
hot-swapping 154

I

icon keylines 138
ID 인증서 248
IDE 자체 테마 29
identity certificates 248
Infer Constraints 64
Inkscape 142
Instant Run 26, 38, 70
Instrumented test 206
Internet of Things 184, 197
interpolation 147
IoT 184, 197

J

JAR 파일 25
JetBrains 138
JNI 194
JUnit 206, 211, 213

K

Kotlin 183

L

launch activity 38
Layout Editor 24, 44
Layout Variant tool 103
Legacy 132
Library dependency 85
line-to command 146
LLDB 194
Local unit tests 206
Logcat 126, 203
logcat 126
Lollipop 35
look and feel 73

M

manifest 파일 38
Manymo 110
Mater/Detail Flow 템플릿 171
Material Design theme 41
material palette 78
material-aware 컨테이너 86
Memory Monitor 34
memory profiler 230
Method Draw 142
mksdcard 67
Mockito 212
Morphing 151

N

Navigation Drawer Activity 163
NavigationView 164

N

NDK 194
NetBeans 21
network profiler 232
nodpi 식별자 109
Notepad 21
NPE 186
Null Pointer Exception 186

O

onCreate() 90
onData() 218
onPause() 121
onResume() 121
organic layouting 170

P

Pack 64
palette support library 154
PEPK 도구 252
Percent Support Library 43, 97
Play Encrypt Private Key 도구 252
Play store 112, 123
plugin repository 138
preview system 43
Primary color 77
product icons 138
profiler 201
ProGuard 237
Project Explorer 31, 104
project templates 124
Project 뷰 241
Properties graphic editor 62

Q

quick-fix 220

R

raster graphics 142
raster images 142
RecyclerView 218
refactoring 25
Release management 250
resource 82, 129
ripple animations 73
rotation 147
runtime constraint modification 65
Runtime Type Information Support 195

S

scaling 옵션 133
schematic perspective 57
screen density 106
SDK 컨트롤러 센서 123
secondary color 28
Show Safe Zone 133
single-board 198
Sketch 142
sliding drawers 75, 84
smart casting 186
Snackbars 88
SoC, System on Chip 197
Spinner 218
split complement 80
static typing 191
Structure pane 166
SVG 142
Sympli 140

T

tabular activities 86
tint 50
toast 위젯 88

U

tool windows 31
translation 147
translation editors 24, 30
trimming 133
tvdpi 식별자 109

UI 43
UI 오토마타 213
UML 166
Unbroken line 58
Universal Modeling Language 166
upload key 252
User Interface 43

V

vector asset studio 129
Vector drawables 142
virtual device editor 25
virtual sensors 123
visual theme editor 74

W

Wear project 111
wearables 37

X

XML 파일 68
XML 편집기 디자인 뷰 30

에이콘출판의 기틀을 마련하신 故 정완재 선생님(1935-2004)

안드로이드 스튜디오 3 통달

안드로이드 개발 장인의 최상의 도구를 최대한 활용해보자

발 행 | 2018년 5월 29일

지은이 | 카일 뮤
옮긴이 | 송 무 찬

펴낸이 | 권 성 준
편집장 | 황 영 주
편 집 | 조 유 나
디자인 | 박 주 란

에이콘출판주식회사
서울특별시 양천구 국회대로 287 (목동)
전화 02-2653-7600, 팩스 02-2653-0433
www.acornpub.co.kr / editor@acornpub.co.kr

한국어판 © 에이콘출판주식회사, 2017, Printed in Korea.
ISBN 979-11-6175-144-3
ISBN 978-89-6077-210-6 (세트)
http://www.acornpub.co.kr/book/android-studio-3-master

이 도서의 국립중앙도서관 출판시도서목록(CIP)은 서지정보유통지원시스템 홈페이지(http://seoji.nl.go.kr)와
국가자료공동목록시스템(http://www.nl.go.kr/kolisnet)에서 이용하실 수 있습니다.(CIP제어번호: CIP2018015206)

책값은 뒤표지에 있습니다.